Cambridge Plain Texts

MOLIÈRE

LA CRITIQUE
DE L'ÉCOLE DES FEMMES

L'IMPROMPTU
DE VERSAILLES

T0346119

MOLIÈRE

LA CRITIQUE
DE L'ÉCOLE DES FEMMES

L'IMPROMPTU
DE VERSAILLES

CAMBRIDGE
AT THE UNIVERSITY PRESS
1926

CAMBRIDGE UNIVERSITY PRESS
Cambridge, New York, Melbourne, Madrid, Cape Town,
Singapore, São Paulo, Delhi, Mexico City

Cambridge University Press
The Edinburgh Building, Cambridge CB2 8RU, UK

Published in the United States of America by Cambridge University Press, New York

www.cambridge.org
Information on this title: www.cambridge.org/9781107641822

First published 1926
Re-issued 2013

A catalogue record for this publication is available from the British Library

ISBN 978-1-107-64182-2 Paperback

NOTE

THESE two brilliant and highly original comedies arose out of the attack made by Molière's enemies on *L'École des Femmes*. In *La Critique* Molière replies to the *précieuses*, the *dévots*, the *marquis ridicules*, and the critics—chiefly rival dramatists—who had all joined in the attack. But *La Critique* is more than a weapon of warfare. It is Molière's *Art poétique*. It is a defence of comedy which is founded upon common sense, which sees men as they are and not as what they might be, which tries to reform society by laughing at folly, but which can sympathise while it ridicules.

In *L'Impromptu de Versailles*, which was produced before the King at Versailles between October 15 and 22, 1663, Molière's main attack is directed against the rival company of the Hôtel de Bourgogne, who had put up a young author, named Edme Boursault, to write a piece entitled *Le Portrait du Peintre ou la Contre-critique de l'École des Femmes*. While he does not forget either the *précieuses* or the *marquis*—"Le marquis aujourd'hui est le plaisant de la comédie"—or the rival poets, he takes off the chief actors of the Hôtel—except Floridor, who was a favourite with the King—with all his powers of mimicry and impersonation. The play incidentally testifies to the scrupulous care with which he conducted his rehearsals, and throws light as well on the characters of some of his troop as on his own irritability. It also bespeaks his confidence in the King's favour, a confidence which was justified by the King conferring after the representation a pension of 1000 *livres* on his company.

A. TILLEY

April, 1926

LA CRITIQUE
DE L'ÉCOLE DES FEMMES

COMÉDIE

1663

LES PERSONNAGES

URANIE

ÉLISE

CLIMÈNE

GALOPIN, *laquais*

LE MARQUIS

DORANTE ou LE CHEVALIER

LYSIDAS, *poëte*

LA CRITIQUE
DE L'ÉCOLE DES FEMMES

COMÉDIE

SCÈNE PREMIÈRE

URANIE, ÉLISE

Uranie. Quoi? Cousine, personne ne t'est venu rendre visite?

Élise. Personne du monde.

Uranie. Vraiment, voilà qui m'étonne, que nous ayons été seules l'une et l'autre tout aujourd'hui.

Élise. Cela m'étonne aussi, car ce n'est guère notre coutume; et votre maison, Dieu merci, est le refuge ordinaire de tous les fainéants de la cour.

Uranie. L'après-dînée, à dire vrai, m'a semblé fort longue.

Élise. Et moi, je l'ai trouvée fort courte.

Uranie. C'est que les beaux esprits, Cousine, aiment la solitude.

Élise. Ah! très-humble servante au bel esprit; vous savez que ce n'est pas là que je vise.

Uranie. Pour moi, j'aime la compagnie, je l'avoue.

Élise. Je l'aime aussi, mais je l'aime choisie; et la quantité des sottes visites qu'il vous faut essuyer parmi les autres est cause bien souvent que je prends plaisir d'être seule.

Uranie. La délicatesse est trop grande, de ne pouvoir souffrir que des gens triés.

Élise. Et la complaisance est trop générale, de souffrir indifféremment toutes sortes de personnes.

Uranie. Je goûte ceux qui sont raisonnables, et me divertis des extravagants.

Élise. Ma foi, les extravagants ne vont guère loin sans vous ennuyer, et la plupart de ces gens-là ne sont plus plaisants dès la seconde visite. Mais à propos d'extravagants, ne voulez-vous pas me défaire de votre marquis incommode? pensez-vous me le laisser toujours sur les bras, et que je puisse durer à ses turlupinades perpétuelles?

Uranie. Ce langage est à la mode, et l'on le tourne en plaisanterie à la cour.

Élise. Tant pis pour ceux qui le font, et qui se tuent tout le jour à parler ce jargon obscur. La belle chose de faire entrer aux conversations du Louvre de vieilles équivoques ramassées parmi les boues des halles et de la place Maubert! La jolie façon de plaisanter pour des courtisans! et qu'un homme montre d'esprit lorsqu'il vient vous dire: "Madame, vous êtes dans la place Royale, et tout le monde vous voit de trois lieues de Paris, car chacun vous voit de bon œil," à cause que Boneuil est un village à trois lieues d'ici! Cela n'est-il pas bien galant et bien spirituel? Et ceux qui trouvent ces belles rencontres, n'ont-ils pas lieu de s'en glorifier?

Uranie. On ne dit pas cela aussi comme une chose spirituelle; et la plupart de ceux qui affectent ce langage, savent bien eux-mêmes qu'il est ridicule.

Élise. Tant pis encore, de prendre peine à dire des sottises, et d'être mauvais plaisants de dessein formé. Je les en tiens moins excusables; et si j'en étois juge, je sais bien à quoi je condamnerois tous ces Messieurs les turlupins.

Uranie. Laissons cette matière qui t'échauffe un peu

trop, et disons que Dorante vient bien tard, à mon avis,
pour le souper que nous devons faire ensemble.

Élise. Peut-être l'a-t-il oublié, et que.…

SCÈNE II

GALOPIN, URANIE, ÉLISE

Galopin. Voilà Climène, Madame, qui vient ici
pour vous voir.

Uranie. Eh mon Dieu! quelle visite!

Élise. Vous vous plaigniez d'être seule aussi: le
Ciel vous en punit.

Uranie. Vite, qu'on aille dire que je n'y suis pas.

Galopin. On a déjà dit que vous y étiez.

Uranie. Et qui est le sot qui l'a dit?

Galopin. Moi, Madame.

Uranie. Diantre soit le petit vilain! Je vous ap-
prendrai bien à faire vos réponses de vous-même.

Galopin. Je vais lui dire, Madame, que vous voulez
être sortie.

Uranie. Arrêtez, animal, et la laissez monter, puisque la sottise est faite.

Galopin. Elle parle encore à un homme dans la rue.

Uranie. Ah! Cousine, que cette visite m'embar-
rasse à l'heure qu'il est!

Élise. Il est vrai que la dame est un peu embarras-
sante de son naturel; j'ai toujours eu pour elle une
furieuse aversion; et, n'en déplaise à sa qualité, c'est
la plus sotte bête qui se soit jamais mêlée de raisonner.

Uranie. L'épithète est un peu forte.

Élise. Allez, allez, elle mérite bien cela, et quelque
chose de plus, si on lui faisoit justice. Est-ce qu'il y
a une personne qui soit plus véritablement qu'elle ce

qu'on appelle précieuse, à prendre le mot dans sa plus mauvaise signification?

Uranie. Elle se défend bien de ce nom pourtant.

Élise. Il est vrai: elle se défend du nom, mais non pas de la chose; car enfin elle l'est depuis les pieds jusqu'à la tête, et la plus grande façonnière du monde. Il semble que tout son corps soit démonté, et que les mouvements de ses hanches, de ses épaules et de sa tête n'aillent que par ressorts. Elle affecte toujours un ton de voix languissant et niais, fait la moue pour montrer une petite bouche, et roule les yeux pour les faire paroître grands.

Uranie. Doucement donc: si elle venoit à entendre....

Élise. Point, point, elle ne monte pas encore. Je me souviens toujours du soir qu'elle eut envie de voir Damon, sur la réputation qu'on lui donne, et les choses que le public a vues de lui. Vous connoissez l'homme, et sa naturelle paresse à soutenir la conversation. Elle l'avoit invité à souper comme bel esprit, et jamais il ne parut si sot, parmi une demi-douzaine de gens à qui elle avoit fait fête de lui, et qui le regardoient avec de grands yeux, comme une personne qui ne devoit pas être faite comme les autres. Ils pensoient tous qu'il étoit là pour défrayer la compagnie de bons mots, que chaque parole qui sortoit de sa bouche devoit être extraordinaire, qu'il devoit faire des *Impromptus* sur tout ce qu'on disoit, et ne demander à boire qu'avec une pointe. Mais il les trompa fort par son silence; et la dame fut aussi mal satisfaite de lui, que je le fus d'elle.

Uranie. Tais-toi. Je vais la recevoir à la porte de la chambre.

Élise. Encore un mot. Je voudrois bien la voir mariée avec le marquis dont nous avons parlé : le bel assemblage que ce seroit d'une précieuse et d'un turlupin !

Uranie. Veux-tu te taire ? la voici.

SCÈNE III

CLIMÈNE, URANIE, ÉLISE, GALOPIN

Uranie. Vraiment, c'est bien tard que....

Climène. Eh ! de grâce, ma chère, faites-moi vite donner un siége.

Uranie. Un fauteuil promptement.

Climène. Ah mon Dieu !

Uranie. Qu'est-ce donc ?

Climène. Je n'en puis plus.

Uranie. Qu'avez-vous ?

Climène. Le cœur me manque.

Uranie. Sont-ce vapeurs qui vous ont prise ?

Climène. Non.

Uranie. Voulez-vous que l'on vous délace ?

Climène. Mon Dieu non. Ah !

Uranie. Quel est donc votre mal ? et depuis quand vous a-t-il pris ?

Climène. Il y a plus de trois heures, et je l'ai rapporté du Palais-Royal.

Uranie. Comment ?

Climène. Je viens de voir, pour mes péchés, cette méchante rapsodie de *l'École des femmes.* Je suis encore en défaillance du mal de cœur que cela m'a donné, et je pense que je n'en reviendrai de plus de quinze jours.

Élise. Voyez un peu comme les maladies arrivent sans qu'on y songe.

Uranie. Je ne sais pas de quel tempérament nous sommes, ma cousine et moi; mais nous fûmes avant-hier à la même pièce, et nous en revînmes toutes deux saines et gaillardes.

Climène. Quoi? vous l'avez vue?

Uranie. Oui; et écoutée d'un bout à l'autre.

Climène. Et vous n'en avez pas été jusques aux convulsions, ma chère?

Uranie. Je ne suis pas si délicate, Dieu merci; et je trouve, pour moi, que cette comédie seroit plutôt capable de guérir les gens, que de les rendre malades.

Climène. Ah mon Dieu! que dites-vous là? Cette proposition peut-elle être avancée par une personne qui ait du revenu en sens commun? Peut-on impunément, comme vous faites, rompre en visière à la raison? Et dans le vrai de la chose, est-il un esprit si affamé de plaisanterie, qu'il puisse tâter des fadaises dont cette comédie est assaisonnée? Pour moi, je vous avoue que je n'ai pas trouvé le moindre grain de sel dans tout cela. *Les enfants par l'oreille* m'ont paru d'un goût détestable; la *tarte à la crème* m'a affadi le cœur; et j'ai pensé vomir au *potage*.

Élise. Mon Dieu! que tout cela est dit élégamment! J'aurois cru que cette pièce étoit bonne; mais Madame a une éloquence si persuasive, elle tourne les choses d'une manière si agréable, qu'il faut être de son sentiment, malgré qu'on en ait.

Uranie. Pour moi, je n'ai pas tant de complaisance; et, pour dire ma pensée, je tiens cette comédie une des plus plaisantes que l'auteur ait produites.

Climène. Ah! vous me faites pitié, de parler ainsi;

et je ne saurois vous souffrir cette obscurité de dis-
cernement. Peut-on, ayant de la vertu, trouver de
l'agrément dans une pièce qui tient sans cesse la
pudeur en alarme, et salit à tous moments l'imagination?

Élise. Les jolies façons de parler que voilà! Que
vous êtes, Madame, une rude joueuse en critique, et
que je plains le pauvre Molière de vous avoir pour
ennemie!

Climène. Croyez-moi, ma chère, corrigez de bonne
foi votre jugement; et pour votre honneur, n'allez
point dire par le monde que cette comédie vous ait plu.

Uranie. Moi, je ne sais pas ce que vous y avez
trouvé qui blesse la pudeur.

Climène. Hélas! tout; et je mets en fait qu'une
honnête femme ne la sauroit voir sans confusion, tant
j'y ai découvert d'ordures et de saletés.

Uranie. Il faut donc que pour les ordures vous ayez
des lumières que les autres n'ont pas; car, pour moi,
je n'y en ai point vu.

Climène. C'est que vous ne voulez pas y en avoir
vu, assurément; car enfin toutes ces ordures, Dieu
merci, y sont à visage découvert. Elles n'ont point la
moindre enveloppe qui les couvre, et les yeux les plus
hardis sont effrayés de leur nudité.

Élise. Ah!

Climène. Hay, hay, hay.

Uranie. Mais encore, s'il vous plaît, marquez-moi
une de ces ordures que vous dites.

Climène. Hélas! est-il nécessaire de vous les
marquer?

Uranie. Oui. Je vous demande seulement un
endroit qui vous ait fort choquée.

Climène. En faut-il d'autre que la scène de cette Agnès, lorsqu'elle dit ce que l'on lui a pris?

Uranie. Eh bien! que trouvez-vous là de sale?

Climène. Ah!

Uranie. De grâce?

Climène. Fi!

Uranie. Mais encore?

Climène. Je n'ai rien à vous dire.

Uranie. Pour moi, je n'y entends point de mal.

Climène. Tant pis pour vous.

Uranie. Tant mieux plutôt, ce me semble. Je regarde les choses du côté qu'on me les montre, et ne les tourne point pour y chercher ce qu'il ne faut pas voir.

Climène. L'honnêteté d'une femme....

Uranie. L'honnêteté d'une femme n'est pas dans les grimaces. Il sied mal de vouloir être plus sage que celles qui sont sages. L'affectation en cette matière est pire qu'en toute autre; et je ne vois rien de si ridicule que cette délicatesse d'honneur qui prend tout en mauvaise part, donne un sens criminel aux plus innocentes paroles, et s'offense de l'ombre des choses. Croyez-moi, celles qui font tant de façons, n'en sont pas estimées plus femmes de bien. Au contraire, leur sévérité mystérieuse et leurs grimaces affectées irritent la censure de tout le monde contre les actions de leur vie. On est ravi de découvrir ce qu'il y peut avoir à redire; et, pour tomber dans l'exemple, il y avoit l'autre jour des femmes à cette comédie, vis-à-vis de la loge où nous étions, qui par les mines qu'elles affectèrent durant toute la pièce, leurs détournements de tête, et leurs cachements de visage, firent dire de tous côtés cent sottises de leur conduite, que l'on n'auroit pas dites sans cela; et quelqu'un même des laquais cria tout haut qu'elles étoient plus chastes des oreilles que de tout le reste du corps.

Climène. Enfin il faut être aveugle dans cette pièce, et ne pas faire semblant d'y voir les choses.

Uranie. Il ne faut pas y vouloir voir ce qui n'y est pas.

Climène. Ah! je soutiens, encore un coup, que les saletés y crèvent les yeux.

Uranie. Et moi, je ne demeure pas d'accord de cela.

Climène. Quoi? la pudeur n'est pas visiblement blessée par ce que dit Agnès dans l'endroit dont nous parlons?

Uranie. Non, vraiment. Elle ne dit pas un mot qui de soi ne soit fort honnête; et si vous voulez entendre dessous quelque autre chose, c'est vous qui faites l'ordure, et non pas elle, puisqu'elle parle seulement d'un ruban qu'on lui a pris.

Climène. Ah! ruban tant qu'il vous plaira; mais ce *le*, où elle s'arrête, n'est pas mis pour des prunes. Il vient sur ce *le* d'étranges pensées. Ce *le* scandalise furieusement; et, quoi que vous puissiez dire, vous ne sauriez défendre l'insolence de ce *le*.

Élise. Il est vrai, ma Cousine, je suis pour Madame contre ce *le*. Ce *le* est insolent au dernier point, et vous avez tort de défendre ce *le*.

Climène. Il a une obscénité qui n'est pas supportable.

Élise. Comment dites-vous ce mot-là, Madame?

Climène. Obscénité, Madame.

Élise. Ah mon Dieu! obscénité. Je ne sais ce que ce mot veut dire; mais je le trouve le plus joli du monde.

Climène. Enfin, vous voyez comme votre sang prend mon parti.

Uranie. Eh mon Dieu! c'est une causeuse qui ne dit pas ce qu'elle pense. Ne vous y fiez pas beaucoup, si vous m'en voulez croire.

Élise. Ah! que vous êtes méchante, de me vouloir rendre suspecte à Madame! Voyez un peu où j'en serois, si elle alloit croire ce que vous dites. Serois-je si malheureuse, Madame, que vous eussiez de moi cette pensée?

Climène. Non, non. Je ne m'arrête pas à ses paroles, et je vous crois plus sincère qu'elle ne dit.

Élise. Ah! que vous avez bien raison, Madame, et que vous me rendrez justice, quand vous croirez que je vous trouve la plus engageante personne du monde, que j'entre dans tous vos sentiments et suis charmée de toutes les expressions qui sortent de votre bouche!

Climène. Hélas! je parle sans affectation.

Élise. On le voit bien, Madame, et que tout est naturel en vous. Vos paroles, le ton de votre voix, vos regards, vos pas, votre action et votre ajustement, ont je ne sais quel air de qualité, qui enchante les gens. Je vous étudie des yeux et des oreilles; et je suis si remplie de vous, que je tâche d'être votre singe, et de vous contrefaire en tout.

Climène. Vous vous moquez de moi, Madame.

Élise. Pardonnez-moi, Madame. Qui voudroit se moquer de vous?

Climène. Je ne suis pas un bon modèle, Madame.

Élise. Oh! que si, Madame!

Climène. Vous me flattez, Madame.

Élise. Point du tout, Madame.

Climène. Épargnez-moi, s'il vous plaît, Madame.

Élise. Je vous épargne aussi, Madame, et je ne dis pas la moitié de ce que je pense, Madame.

Climène. Ah mon Dieu! brisons là, de grâce. Vous me jetteriez dans une confusion épouvantable. (A Uranie.) Enfin, nous voilà deux contre vous, et l'opiniâtreté sied si mal aux personnes spirituelles....

SCÈNE IV

LE MARQUIS, CLIMÈNE, GALOPIN, URANIE, ÉLISE

Galopin. Arrêtez, s'il vous plaît, Monsieur.

Le Marquis. Tu ne me connois pas, sans doute.

Galopin. Si fait, je vous connois; mais vous n'entrerez pas.

Le Marquis. Ah! que de bruit, petit laquais!

Galopin. Cela n'est pas bien de vouloir entrer malgré les gens.

Le Marquis. Je veux voir ta maîtresse.

Galopin. Elle n'y est pas, vous dis-je.

Le Marquis. La voilà dans la chambre.

Galopin. Il est vrai, la voilà; mais elle n'y est pas.

Uranie. Qu'est-ce donc qu'il y a là?

Le Marquis. C'est votre laquais, Madame, qui fait le sot.

Galopin. Je lui dis que vous n'y êtes pas, Madame, et il ne veut pas laisser d'entrer.

Uranie. Et pourquoi dire à Monsieur que je n'y suis pas?

Galopin. Vous me grondâtes, l'autre jour, de lui avoir dit que vous y étiez.

Uranie. Voyez cet insolent! Je vous prie, Monsieur, de ne pas croire ce qu'il dit. C'est un petit écervelé, qui vous a pris pour un autre.

Le Marquis. Je l'ai bien vu, Madame; et, sans votre

respect, je lui aurois appris à connoître les gens de qualité.

Élise. Ma cousine vous est fort obligée de cette déférence.

Uranie. Un siége donc, impertinent.

Galopin. N'en voilà-t-il pas un?

Uranie. Approchez-le.

(Le petit laquais pousse le siége rudement.)

Le Marquis. Votre petit laquais, Madame, a du mépris pour ma personne.

Élise. Il auroit tort, sans doute.

Le Marquis. C'est peut-être que je paye l'intérêt de ma mauvaise mine: hay, hay, hay, hay.

Élise. L'âge le rendra plus éclairé en honnêtes gens.

Le Marqius. Sur quoi en étiez-vous, Mesdames, lorsque je vous ai interrompues?

Uranie. Sur la comédie de *l'École des femmes.*

Le Marquis. Je ne fais que d'en sortir.

Climène. Eh bien! Monsieur, comment la trouvez-vous, s'il vous plaît?

Le Marquis. Tout à fait impertinente.

Climène. Ah! que j'en suis ravie!

Le Marquis. C'est la plus méchante chose du monde. Comment, diable! à peine ai-je pu trouver place; j'ai pensé être étouffé à la porte, et jamais on ne m'a tant marché sur les pieds. Voyez comme mes canons et mes rubans en sont ajustés, de grâce.

Élise. Il est vrai que cela crie vengeance contre *l'École des femmes*, et que vous la condamnez avec justice.

Le Marquis. Il ne s'est jamais fait, je pense, une si méchante comédie.

Uranie. Ah! voici Dorante que nous attendions.

SCÈNE V

DORANTE, LE MARQUIS, CLIMÈNE, ÉLISE, URANIE

Dorante. Ne bougez, de grâce, et n'interrompez point votre discours. Vous êtes là sur une matière qui, depuis quatre jours, fait presque l'entretien de toutes les maisons de Paris, et jamais on n'a rien vu de si plaisant que la diversité des jugements qui se font là-dessus. Car enfin j'ai ouï condamner cette comédie à certaines gens, par les mêmes choses que j'ai vu d'autres estimer le plus.

Uranie. Voilà Monsieur le Marquis qui en dit force mal.

Le Marquis. Il est vrai, je la trouve détestable; morbleu! détestable du dernier détestable; ce qu'on appelle détestable.

Dorante. Et moi, mon cher Marquis, je trouve le jugement détestable.

Le Marquis. Quoi? Chevalier, est-ce que tu prétends soutenir cette pièce?

Dorante. Oui, je prétends la soutenir.

Le Marquis. Parbleu! je la garantis détestable.

Dorante. La caution n'est pas bourgeoise. Mais, Marquis, par quelle raison, de grâce, cette comédie est-elle ce que tu dis?

Le Marquis. Pourquoi elle est détestable?

Dorante. Oui.

Le Marquis. Elle est détestable, parce qu'elle est détestable.

Dorante. Après cela, il n'y a plus rien à dire: voilà son procès fait. Mais encore instruis-nous, et nous dis les défauts qui y sont.

Le Marquis. Que sais-je, moi? je ne me suis pas seulement donné la peine de l'écouter. Mais enfin je sais bien que je n'ai jamais rien vu de si méchant, Dieu me damne; et Dorilas, contre qui j'étois, a été de mon avis.

Dorante. L'autorité est belle, et te voilà bien appuyé.

Le Marquis. Il ne faut que voir les continuels éclats de rire que le parterre y fait. Je ne veux point d'autre chose pour témoigner qu'elle ne vaut rien.

Dorante. Tu es donc, Marquis, de ces Messieurs du bel air, qui ne veulent pas que le parterre ait du sens commun, et qui seroient fâchés d'avoir ri avec lui, fût-ce de la meilleure chose du monde? Je vis l'autre jour sur le théâtre un de nos amis, qui se rendit ridicule par là. Il écouta toute la pièce avec un sérieux le plus sombre du monde; et tout ce qui égayoit les autres, ridoit son front. A tous les éclats de rire, il haussoit les épaules, et regardoit le parterre en pitié; et quelquefois aussi le regardant avec dépit, il lui disoit tout haut: "Ris donc, parterre, ris donc." Ce fut une seconde comédie, que le chagrin de notre ami. Il la donna en galant homme à toute l'assemblée, et chacun demeura d'accord qu'on ne pouvoit pas mieux jouer qu'il fit. Apprends, Marquis, je te prie, et les autres aussi, que le bon sens n'a point de place déterminée à la comédie; que la différence du demi-louis d'or et de la pièce de quinze sols ne fait rien du tout au bon goût; que debout et assis, on peut donner un mauvais jugement; et qu'enfin, à le prendre en général, je me fierois assez à l'approbation du parterre, par la raison qu'entre ceux qui le composent, il y en a plusieurs qui sont capables de juger d'une pièce selon les règles, et que les autres en jugent par la bonne façon d'en juger, qui est de se laisser prendre aux choses, et de n'avoir ni prévention aveugle, ni complaisance affectée, ni délicatesse ridicule.

Le Marquis. Te voilà donc, Chevalier, le défenseur du parterre? Parbleu! je m'en réjouis, et je ne manquerai pas de l'avertir que tu es de ses amis. Hay, hay, hay, hay, hay, hay.

Dorante. Ris tant que tu voudras. Je suis pour le bon sens, et ne saurois souffrir les ébullitions de cerveau de nos marquis de Mascarille. J'enrage de voir de ces gens qui se traduisent en ridicules, malgré leur qualité; de ces gens qui décident toujours et parlent hardiment de toutes choses, sans s'y connoître; qui dans une comédie se récrieront aux méchants endroits, et ne branleront pas à ceux qui sont bons; qui voyant un tableau, ou écoutant un concert de musique, blâment de même et louent tout à contresens, prennent par où ils peuvent les termes de l'art qu'ils attrapent, et ne manquent jamais de les estropier, et de les mettre hors de place. Eh, morbleu! Messieurs, taisez-vous, quand Dieu ne vous a pas donné la connoissance d'une chose; n'apprêtez point à rire à ceux qui vous entendent parler, et songez qu'en ne disant mot, on croira peut-être que vous êtes d'habiles gens.

Le Marquis. Parbleu! Chevalier, tu le prends là....

Dorante. Mon Dieu, Marquis, ce n'est pas à toi que je parle. C'est à une douzaine de Messieurs qui déshonorent les gens de cour par leurs manières extravagantes, et font croire parmi le peuple que nous nous ressemblons tous. Pour moi, je m'en veux justifier le plus qu'il me sera possible ; et je les dauberai tant en toutes rencontres, qu'à la fin ils se rendront sages.

Le Marquis. Dis-moi un peu, Chevalier, crois-tu que Lysandre ait de l'esprit ?

Dorante. Oui sans doute, et beaucoup.

Uranie. C'est une chose qu'on ne peut pas nier.

Le Marquis. Demandez-lui ce qui lui semble de *l'École des femmes* : vous verrez qu'il vous dira qu'elle ne lui plaît pas.

Dorante. Eh mon Dieu ! il y en a beaucoup que le trop d'esprit gâte, qui voient mal les choses à force de lumière, et même qui seroient bien fâchés d'être de l'avis des autres, pour avoir la gloire de décider.

Uranie. Il est vrai. Notre ami est de ces gens-là, sans doute. Il veut être le premier de son opinion, et qu'on attende par respect son jugement. Toute approbation qui marche avant la sienne est un attentat sur ses lumières, dont il se venge hautement en prenant le contraire parti. Il veut qu'on le consulte sur toutes les affaires d'esprit ; et je suis sûre que, si l'auteur lui eût montré sa comédie avant que de la faire voir au public, il l'eût trouvée la plus belle du monde.

Le Marquis. Et que direz-vous de la marquise Araminte, qui la publie partout pour épouvantable, et dit qu'elle n'a pu jamais souffrir les ordures dont elle est pleine ?

Dorante. Je dirai que cela est digne du caractère qu'elle a pris ; et qu'il y a des personnes qui se rendent ridicules, pour vouloir avoir trop d'honneur. Bien qu'elle ait de l'esprit, elle a suivi le mauvais exemple de celles qui, étant sur le retour de l'âge, veulent remplacer de quelque chose ce qu'elles voient qu'elles perdent, et prétendent que les grimaces d'une pruderie scrupuleuse leur tiendront lieu de jeunesse et de beauté. Celle-ci pousse l'affaire plus avant qu'aucune; et l'habileté de son scrupule découvre des saletés où jamais personne n'en avoit vu. On tient qu'il va, ce scrupule, jusques à défigurer notre langue, et qu'il n'y a point presque de mots dont la sévérité de cette dame ne veuille retrancher ou la tête ou la queue, pour les syllabes déshonnêtes qu'elle y trouve.

Uranie. Vous êtes bien fou, Chevalier.

Le Marquis. Enfin, Chevalier, tu crois défendre ta comédie en faisant la satire de ceux qui la condamnent.

Dorante. Non pas; mais je tiens que cette dame se scandalise à tort....

Élise. Tout beau, Monsieur le Chevalier, il pourroit y en avoir d'autres qu'elle qui seroient dans les mêmes sentiments.

Dorante. Je sais bien que ce n'est pas vous, au moins; et que lorsque vous avez vu cette représentation....

Élise. Il est vrai; mais j'ai changé d'avis; et Madame sait appuyer le sien par des raisons si convaincantes, qu'elle m'a entraînée de son côté.

Dorante. Ah! Madame, je vous demande pardon; et, si vous le voulez, je me dédirai, pour l'amour de vous, de tout ce que j'ai dit.

Climène. Je ne veux pas que ce soit pour l'amour de moi, mais pour l'amour de la raison; car enfin cette pièce, à le bien prendre, est tout à fait indéfendable, et je ne conçois pas....

Uranie. Ah! voici l'auteur, Monsieur Lysidas. Il

vient tout à propos pour cette matière. Monsieur Lysidas, prenez un siége vous-même, et vous mettez là.

SCÈNE VI

LYSIDAS, DORANTE, LE MARQUIS, ÉLISE, URANIE, CLIMÈNE

Lysidas. Madame, je viens un peu tard ; mais il m'a fallu lire ma pièce chez Madame la Marquise, dont je vous avois parlé ; et les louanges qui lui ont été données, m'ont retenu une heure plus que je ne croyois.

Élise. C'est un grand charme que les louanges pour arrêter un auteur.

Uranie. Asseyez-vous donc, Monsieur Lysidas ; nous lirons votre pièce après souper.

Lysidas. Tous ceux qui étoient là doivent venir à sa première représentation, et m'ont promis de faire leur devoir comme il faut.

Uranie. Je le crois. Mais, encore une fois, asseyez-vous, s'il vous plaît. Nous sommes ici sur une matière que je serai bien aise que nous poussions.

Lysidas. Je pense, Madame, que vous retiendrez aussi une loge pour ce jour-là.

Uranie. Nous verrons. Poursuivons, de grâce, notre discours.

Lysidas. Je vous donne avis, Madame, qu'elles sont presque toutes retenues.

Uranie. Voilà qui est bien. Enfin, j'avois besoin de vous, lorsque vous êtes venu, et tout le monde étoit ici contre moi.

Élise. Il s'est mis d'abord de votre côté ; mais

maintenant qu'il sait que Madame est à la tête du parti contraire, je pense que vous n'avez qu'à chercher un autre secours.

Climène. Non, non, je ne voudrois pas qu'il fît mal sa cour auprès de Madame votre cousine, et je permets à son esprit d'être du parti de son cœur.

Dorante. Avec cette permission, Madame, je prendrai la hardiesse de me défendre.

Uranie. Mais auparavant sachons les sentiments de Monsieur Lysidas.

Lysidas. Sur quoi, Madame?

Uranie. Sur le sujet de *l'École des femmes*.

Lysidas. Ha, ha.

Dorante. Que vous en semble?

Lysidas. Je n'ai rien à dire là-dessus; et vous savez qu'entre nous autres auteurs, nous devons parler des ouvrages les uns des autres avec beaucoup de circonspection.

Dorante. Mais encore, entre nous, que pensez-vous de cette comédie?

Lysidas. Moi, Monsieur?

Uranie. De bonne foi, dites-nous votre avis.

Lysidas. Je la trouve fort belle.

Dorante. Assurément?

Lysidas. Assurément. Pourquoi non? N'est-elle pas en effet la plus belle du monde?

Dorante. Hom, hom, vous êtes un méchant diable, Monsieur Lysidas: vous ne dites pas ce que vous pensez.

Lysidas. Pardonnez-moi.

Dorante. Mon Dieu! je vous connois. Ne dissimulons point.

Lysidas. Moi, Monsieur?

Dorante. Je vois bien que le bien que vous dites de cette pièce n'est que par honnêteté, et que, dans le fond du cœur, vous êtes de l'avis de beaucoup de gens qui la trouvent mauvaise.

Lysidas. Hay, hay, hay.

Dorante. Avouez, ma foi, que c'est une méchante chose que cette comédie.

Lysidas. Il est vrai qu'elle n'est pas approuvée par les connoisseurs.

Le Marquis. Ma foi, Chevalier, tu en tiens, et te voilà payé de ta raillerie. Ah, ah, ah, ah, ah!

Dorante. Pousse, mon cher Marquis, pousse.

Le Marquis. Tu vois que nous avons les savants de notre côté.

Dorante. Il est vrai, le jugement de Monsieur Lysidas est quelque chose de considérable. Mais Monsieur Lysidas veut bien que je ne me rende pas pour cela; et puisque j'ai bien l'audace de me défendre contre les sentiments de Madame, il ne trouvera pas mauvais que je combatte les siens.

Élise. Quoi? vous voyez contre vous Madame, Monsieur le Marquis et Monsieur Lysidas, et vous osez résister encore? Fi! que cela est de mauvaise grâce!

Climène. Voilà qui me confond, pour moi, que des personnes raisonnables se puissent mettre en tête de donner protection aux sottises de cette pièce.

Le Marquis. Dieu me damne, Madame, elle est misérable depuis le commencement jusqu'à la fin.

Dorante. Cela est bientôt dit, Marquis. Il n'est rien plus aisé que de trancher ainsi; et je ne vois aucune chose qui puisse être à couvert de la souveraineté de tes décisions.

Le Marquis. Parbleu! tous les autres comédiens qui étoient là pour la voir en ont dit tous les maux du monde.

Dorante. Ah! je ne dis plus mot: tu as raison, Marquis. Puisque les autres comédiens en disent du mal, il faut les en croire assurément. Ce sont tous gens éclairés et qui parlent sans intérêt. Il n'y a plus rien à dire, je me rends.

Climène. Rendez-vous, ou ne vous rendez pas, je sais fort bien que vous ne me persuaderez point de souffrir les immodesties de cette pièce, non plus que les satires désobligeantes qu'on y voit contre les femmes.

Uranie. Pour moi, je me garderai bien de m'en offenser et de prendre rien sur mon compte de tout ce qui s'y dit. Ces sortes de satires tombent directement sur les mœurs, et ne frappent les personnes que par réflexion. N'allons point nous appliquer nous-mêmes les traits d'une censure générale; et profitons de la leçon, si nous pouvons, sans faire semblant qu'on parle à nous. Toutes les peintures ridicules qu'on expose sur les théâtres doivent être regardées sans chagrin de tout le monde. Ce sont miroirs publics, où il ne faut jamais témoigner qu'on se voie; et c'est se taxer hautement d'un défaut, que se scandaliser qu'on le reprenne.

Climène. Pour moi, je ne parle pas de ces choses par la part que j'y puisse avoir, et je pense que je vis d'un air dans le monde à ne pas craindre d'être cherchée dans les peintures qu'on fait là des femmes qui se gouvernent mal.

Élise. Assurément, Madame, on ne vous y cherchera point. Votre conduite est assez connue, et ce sont de ces sortes de choses qui ne sont contestées de personne.

Uranie. Aussi, Madame, n'ai-je rien dit qui aille à vous; et mes paroles, comme les satires de la comédie, demeurent dans la thèse générale.

Climène. Je n'en doute pas, Madame. Mais enfin passons sur ce chapitre. Je ne sais pas de quelle façon vous recevez les injures qu'on dit à notre sexe dans un certain endroit de la pièce; et pour moi, je vous avoue que je suis dans une colère épouvantable, de voir que cet auteur impertinent nous appelle *des animaux.*

Uranie. Ne voyez-vous pas que c'est un ridicule qu'il fait parler?

Dorante. Et puis, Madame, ne savez-vous pas que les injures des amants n'offensent jamais? qu'il est des amours emportés aussi bien que des doucereux? et qu'en de pareilles occasions les paroles les plus étranges, et quelque chose de pis encore, se prennent bien souvent pour des marques d'affection par celles mêmes qui les reçoivent?

Élise. Dites tout ce que vous voudrez, je ne saurois digérer cela, non plus que le *potage* et la *tarte à la crème*, dont Madame a parlé tantôt.

Le Marquis. Ah! ma foi, oui, *tarte à la crème!* voilà ce que j'avois remarqué tantôt; *tarte à la crème!* Que je vous suis obligé, Madame, de m'avoir fait souvenir de *tarte à la crème!* Y a-t-il assez de pommes en Normandie pour *tarte à la crème? Tarte à la crème,* morbleu! *tarte à la crème!*

Dorante. Eh bien! que veux-tu dire: *tarte à la crème?*

Le Marquis. Parbleu! *tarte à la crème,* Chevalier.

Dorante. Mais encore?

Le Marquis. Tarte à la crème!

Dorante. Dis-nous un peu tes raisons.

Le Marquis. Tarte à la crème!

Uranie. Mais il faut expliquer sa pensée, ce me semble.

Le Marquis. Tarte à la crème, Madame!

Uranie. Que trouvez-vous là à redire?

Le Marquis. Moi, rien. *Tarte à la crème!*

Uranie. Ah! je le quitte.

Élise. Monsieur le Marquis s'y prend bien, et vous bourre de la belle manière. Mais je voudrois bien que Monsieur Lysidas voulût les achever et leur donner quelques petits coups de sa façon.

Lysidas. Ce n'est pas ma coutume de rien blâmer, et je suis assez indulgent pour les ouvrages des autres. Mais, enfin, sans choquer l'amitié que Monsieur le Chevalier témoigne pour l'auteur, on m'avouera que ces sortes de comédies ne sont pas proprement des comédies, et qu'il y a une grande différence de toutes ces bagatelles à la beauté des pièces sérieuses. Cependant tout le monde donne là dedans aujourd'hui; on ne court plus qu'à cela, et l'on voit une solitude effroyable aux grands ouvrages, lorsque des sottises ont tout Paris. Je vous avoue que le cœur m'en saigne quelquefois, et cela est honteux pour la France.

Climène. Il est vrai que le goût des gens est étrangement gâté là-dessus, et que le siècle s'encanaille furieusement.

Élise. Celui-là est joli encore, *s'encanaille!* Est-ce vous qui l'avez inventé, Madame?

Climène. Hé!

Élise. Je m'en suis bien doutée.

Dorante. Vous croyez donc, Monsieur Lysidas, que tout l'esprit et toute la beauté sont dans les poëmes sérieux, et que les pièces comiques sont des niaiseries qui ne méritent aucune louange?

Uranie. Ce n'est pas mon sentiment, pour moi. La tragédie, sans doute, est quelque chose de beau quand elle est bien touchée; mais la comédie a ses charmes, et je tiens que l'une n'est pas moins difficile à faire que l'autre.

Dorante. Assurément, Madame; et quand, pour la difficulté, vous mettriez un *plus* du côté de la comédie, peut-être que vous ne vous abuseriez pas. Car enfin, je trouve qu'il est bien plus aisé de se guinder sur de grands sentiments, de braver en vers la Fortune, accuser les Destins, et dire des injures aux Dieux, que d'entrer comme il faut dans le ridicule des hommes, et de rendre agréablement sur le théâtre les défauts de tout le monde. Lorsque vous peignez des héros, vous faites ce que vous voulez. Ce sont des portraits à plaisir, où l'on ne cherche point de ressemblance; et vous n'avez qu'à suivre les traits d'une imagination qui se donne l'essor, et qui souvent laisse le vrai pour attraper le merveilleux. Mais lorsque vous peignez les hommes, il faut peindre d'après nature. On veut que ces portraits ressemblent; et vous n'avez rien fait, si vous n'y faites reconnoître les gens de votre siècle. En un mot, dans les pièces sérieuses, il suffit, pour n'être point blâmé, de dire des choses qui soient de bon sens et bien écrites; mais ce n'est pas assez dans les autres, il y faut plaisanter; et c'est une étrange entreprise que celle de faire rire les honnêtes gens.

Climène. Je crois être du nombre des honnêtes gens; et cependant je n'ai pas trouvé le mot pour rire dans tout ce que j'ai vu.

Le Marquis. Ma foi, ni moi non plus.

Dorante. Pour toi, Marquis, je ne m'en étonne pas: c'est que tu n'y as point trouvé de turlupinades.

Lysidas. Ma foi, Monsieur, ce qu'on y rencontre ne vaut guère mieux, et toutes les plaisanteries y sont assez froides à mon avis.

Dorante. La cour n'a pas trouvé cela.

Lysidas. Ah! Monsieur, la cour!

Dorante. Achevez, Monsieur Lysidas. Je vois bien que vous voulez dire que la cour ne se connoît pas à ces choses; et c'est le refuge ordinaire de vous autres, Messieurs les auteurs, dans le mauvais succès de vos ouvrages, que d'accuser l'injustice du siècle et le peu de lumière des courtisans. Sachez, s'il vous plaît, Monsieur Lysidas, que les courtisans ont d'aussi bons yeux que d'autres; qu'on peut être habile avec un point de Venise et des plumes, aussi bien qu'avec une perruque courte et un petit rabat uni; que la grande épreuve de toutes vos comédies, c'est le jugement de la cour; que c'est son goût qu'il faut étudier pour trouver l'art de réussir; qu'il n'y a point de lieu où les décisions soient si justes; et sans mettre en ligne de compte tous les gens savants qui y sont, que, du simple bon sens naturel et du commerce de tout le beau monde, on s'y fait une manière d'esprit, qui sans comparaison juge plus finement des choses, que tout le savoir enrouillé des pédants.

Uranie. Il est vrai que, pour peu qu'on y demeure, il vous passe là tous les jours assez de choses devant les yeux pour acquérir quelque habitude de les connoître, et surtout pour ce qui est de la bonne et mauvaise plaisanterie.

Dorante. La cour a quelques ridicules, j'en demeure d'accord, et je suis, comme on voit, le premier à les fronder. Mais, ma foi, il y en a un grand nombre parmi les beaux esprits de profession; et si l'on joue quelques marquis, je trouve qu'il y a bien plus de quoi jouer les auteurs, et que ce seroit une chose plaisante à mettre sur le théâtre que leurs grimaces savantes et leurs raffinements ridicules, leur vicieuse coutume d'assassiner les gens de leurs ouvrages, leur friandise de louanges, leurs ménagements de pensées, leur trafic de réputation, et leurs ligues offensives et défensives, aussi bien que leurs guerres d'esprit, et leurs combats de prose et de vers.

Lysidas. Molière est bien heureux, Monsieur, d'avoir un protecteur aussi chaud que vous. Mais enfin, pour venir au fait, il est question de savoir si sa pièce est bonne, et je m'offre d'y montrer partout cent défauts visibles.

Uranie. C'est une étrange chose de vous autres Messieurs les poëtes, que vous condamniez toujours les pièces où tout le monde court, et ne disiez jamais du bien que de celles où personne ne va. Vous montrez pour les unes une haine invincible, et pour les autres une tendresse qui n'est pas concevable.

Dorante. C'est qu'il est généreux de se ranger du côté des affligés.

Uranie. Mais, de grâce, Monsieur Lysidas, faites-nous voir ces défauts, dont je ne me suis point aperçue.

Lysidas. Ceux qui possèdent Aristote et Horace voient d'abord, Madame, que cette comédie pèche contre toutes les règles de l'art.

Uranie. Je vous avoue que je n'ai aucune habitude avec ces Messieurs-là, et que je ne sais point les règles de l'art.

Dorante. Vous êtes de plaisantes gens avec vos

règles, dont vous embarrassez les ignorants et nous
étourdissez tous les jours. Il semble, à vous ouïr
parler, que ces règles de l'art soient les plus grands
mystères du monde; et cependant ce ne sont que
quelques observations aisées, que le bon sens a faites
sur ce qui peut ôter le plaisir que l'on prend à ces
sortes de poëmes; et le même bon sens qui a fait
autrefois ces observations les fait aisément tous les
jours, sans le secours d'Horace et d'Aristote. Je
voudrois bien savoir si la grande règle de toutes les
règles n'est pas de plaire, et si une pièce de théâtre
qui a attrapé son but n'a pas suivi un bon chemin.
Veut-on que tout un public s'abuse sur ces sortes de
choses, et que chacun n'y soit pas juge du plaisir qu'il
y prend?

Uranie. J'ai remarqué une chose de ces Messieurs-
là: c'est que ceux qui parlent le plus des règles, et
qui les savent mieux que les autres, font des comédies
que personne ne trouve belles.

Dorante. Et c'est ce qui marque, Madame, comme
on doit s'arrêter peu à leurs disputes embarrassées.
Car enfin, si les pièces qui sont selon les règles ne
plaisent pas et que celles qui plaisent ne soient pas
selon les règles, il faudroit de nécessité que les règles
eussent été mal faites. Moquons-nous donc de cette
chicane où ils veulent assujettir le goût du public, et
ne consultons dans une comédie que l'effet qu'elle
fait sur nous. Laissons-nous aller de bonne foi aux
choses qui nous prennent par les entrailles, et ne
cherchons point de raisonnements pour nous empêcher d'avoir du plaisir.

Uranie. Pour moi, quand je vois une comédie, je
regarde seulement si les choses me touchent; et,

lorsque je m'y suis bien divertie, je ne vais point demander si j'ai eu tort, et si les règles d'Aristote me défendoient de rire.

Dorante. C'est justement comme un homme qui auroit trouvé une sauce excellente, et qui voudroit examiner si elle est bonne sur les préceptes du *Cuisinier françois.*

Uranie. Il est vrai; et j'admire les raffinements de certaines gens sur des choses que nous devons sentir par nous-mêmes.

Dorante. Vous avez raison, Madame, de les trouver étranges, tous ces raffinements mystérieux. Car enfin, s'ils ont lieu, nous voilà réduits à ne nous plus croire; nos propres sens seront esclaves en toutes choses; et, jusques au manger et au boire, nous n'oserons plus trouver rien de bon, sans le congé de Messieurs les experts.

Lysidas. Enfin, Monsieur, toute votre raison, c'est que *l'École des femmes* a plu; et vous ne vous souciez point qu'elle soit dans les règles, pourvu....

Dorante. Tout beau, Monsieur Lysidas, je ne vous accorde pas cela. Je dis bien que le grand art est de plaire, et que cette comédie ayant plu à ceux pour qui elle est faite, je trouve que c'est assez pour elle et qu'elle doit peu se soucier du reste. Mais, avec cela, je soutiens qu'elle ne pèche contre aucune des règles dont vous parlez. Je les ai lues, Dieu merci, autant qu'un autre; et je ferois voir aisément que peut-être n'avons-nous point de pièce au théâtre plus régulière que celle-là.

Élise. Courage, Monsieur Lysidas! nous sommes perdus si vous reculez.

Lysidas. Quoi? Monsieur, la protase, l'épitase, et la péripétie...?

Dorante. Ah! Monsieur Lysidas, vous nous assommez avec vos grands mots. Ne paroissez point si savant, de grâce. Humanisez votre discours, et parlez pour être entendu. Pensez-vous qu'un nom grec donne plus de poids à vos raisons? Et ne trouveriez-vous pas qu'il fût aussi beau de dire, l'exposition du sujet, que la protase, le nœud, que l'épitase, et le dénouement, que la péripétie?

Lysidas. Ce sont termes de l'art dont il est permis de se servir. Mais, puisque ces mots blessent vos oreilles, je m'expliquerai d'une autre façon, et je vous prie de répondre positivement à trois ou quatre choses que je vais dire. Peut-on souffrir une pièce qui pèche contre le nom propre des pièces de théâtre? Car enfin, le nom de poëme dramatique vient d'un mot grec qui signifie agir, pour montrer que la nature de ce poëme consiste dans l'action; et dans cette comédie-ci, il ne se passe point d'actions, et tout consiste en des récits que vient faire ou Agnès ou Horace.

Le Marquis. Ah! ah! Chevalier.

Climène. Voilà qui est spirituellement remarqué, et c'est prendre le fin des choses.

Lysidas. Est-il rien de si peu spirituel, ou, pour mieux dire, rien de si bas, que quelques mots où tout le monde rit, et surtout celui des *enfants par l'oreille*?

Climène. Fort bien.

Élise. Ah!

Lysidas. La scène du valet et de la servante au dedans de la maison, n'est-elle pas d'une longueur ennuyeuse, et tout à fait impertinente?

Le Marquis. Cela est vrai.

Climène. Assurément.

Élise. Il a raison.

Lysidas. Arnolphe ne donne-t-il pas trop librement son argent à Horace? Et puisque c'est le personnage ridicule de la pièce, falloit-il lui faire faire l'action d'un honnête homme?

Le Marquis. Bon. La remarque est encore bonne.

Climène. Admirable.

Élise. Merveilleuse.

Lysidas. Le sermon et les *Maximes* ne sont-elles pas des choses ridicules, et qui choquent même le respect que l'on doit à nos mystères?

Le Marquis. C'est bien dit.

Climène. Voilà parlé comme il faut.

Élise. Il ne se peut rien de mieux.

Lysidas. Et ce Monsieur de la Souche enfin, qu'on nous fait un homme d'esprit, et qui paroît si sérieux en tant d'endroits, ne descend-il point dans quelque chose de trop comique et de trop outré au cinquième acte, lorsqu'il explique à Agnès la violence de son amour, avec ces roulements d'yeux extravagants, ces soupirs ridicules, et ces larmes niaises qui font rire tout le monde?

Le Marquis. Morbleu! merveille!

Climène. Miracle!

Élise. Vivat! Monsieur Lysidas.

Lysidas. Je laisse cent mille autres choses, de peur d'être ennuyeux.

Le Marquis. Parbleu! Chevalier, te voilà mal ajusté.

Dorante. Il faut voir.

Le Marquis. Tu as trouvé ton homme, ma foi!

Dorante. Peut-être.

Le Marquis. Réponds, réponds, réponds, réponds.

Dorante. Volontiers. Il....

Le Marquis. Réponds donc, je te prie.

Dorante. Laisse-moi donc faire. Si....

Le Marquis. Parbleu! je te défie de répondre.

Dorante. Oui, si tu parles toujours.

Climène. De grâce, écoutons ses raisons.

Dorante. Premièrement, il n'est pas vrai de dire que toute la pièce n'est qu'en récits. On y voit beaucoup d'actions qui se passent sur la scène, et les récits eux-mêmes y sont des actions, suivant la constitution du sujet; d'autant qu'ils sont tous faits innocemment, ces récits, à la personne intéressée, qui par là entre, à tous coups, dans une confusion à réjouir les spectateurs, et prend, à chaque nouvelle, toutes les mesures qu'il peut pour se parer du malheur qu'il craint.

Uranie. Pour moi, je trouve que la beauté du sujet de *l'École des femmes* consiste dans cette confidence perpétuelle; et ce qui me paroît assez plaisant, c'est qu'un homme qui a de l'esprit, et qui est averti de tout par une innocente qui est sa maîtresse, et par un étourdi qui est son rival, ne puisse avec cela éviter ce qui lui arrive.

Le Marquis. Bagatelle, bagatelle.

Climène. Foible réponse.

Élise. Mauvaises raisons.

Dorante. Pour ce qui est des *enfants par l'oreille*, ils ne sont plaisants que par réflexion à Arnolphe; et l'auteur n'a pas mis cela pour être de soi un bon mot, mais seulement pour une chose qui caractérise l'homme, et peint d'autant mieux son extravagance, puisqu'il rapporte une sottise triviale qu'a dite Agnès comme la chose la plus belle du monde, et qui lui donne une joie inconcevable.

Le Marquis. C'est mal répondre.

Climène. Cela ne satisfait point.

Élise. C'est ne rien dire.

Dorante. Quant à l'argent qu'il donne librement, outre que la lettre de son meilleur ami lui est une caution suffisante, il n'est pas incompatible qu'une personne soit ridicule en de certaines choses et honnête homme en d'autres. Et pour la scène d'Alain et de Georgette dans le logis, que quelques-uns ont trouvée longue et froide, il est certain qu'elle n'est pas sans raison, et de même qu'Arnolphe se trouve attrapé, pendant son voyage, par la pure innocence de sa maîtresse, il demeure, au retour, longtemps à sa porte par l'innocence de ses valets, afin qu'il soit partout puni par les choses qu'il a cru faire la sûreté de ses précautions.

Le Marquis. Voilà des raisons qui ne valent rien.

Climène. Tout cela ne fait que blanchir.

Élise. Cela fait pitié.

Dorante. Pour le discours moral que vous appelez un sermon, il est certain que de vrais dévots qui l'ont ouï n'ont pas trouvé qu'il choquât ce que vous dites; et sans doute que ces paroles d'*enfer* et de *chaudières bouillantes* sont assez justifiées par l'extravagance d'Arnolphe et par l'innocence de celle à qui il parle. Et quant au transport amoureux du cinquième acte, qu'on accuse d'être trop outré et trop comique, je voudrois bien savoir si ce n'est pas faire la satire des amants, et si les honnêtes gens même et les plus sérieux, en de pareilles occasions, ne font pas des choses...?

Le Marquis. Ma foi, Chevalier, tu ferois mieux de te taire.

Dorante. Fort bien. Mais enfin si nous nous regardions nous-mêmes, quand nous sommes bien amoureux...?

Le Marquis. Je ne veux pas seulement t'écouter.

Dorante. Écoute-moi, si tu veux. Est-ce que dans la violence de la passion...?

Le Marquis. La, la, la la, lare, la, la, la, la, la, la. (Il chante.)

Dorante. Quoi...?

Le Marquis. La, la, la, la, lare, la, la, la, la, la, la.

Dorante. Je ne sais pas si....

Le Marquis. La, la, la, la, lare, la, la, la, la, la, la, la.

Uranie. Il me semble que....

Le Marquis. La, la, la, lare, la, la, la, la, la, la, la, la, la.

Uranie. Il se passe des choses assez plaisantes dans notre dispute. Je trouve qu'on en pourroit bien faire une petite comédie, et que cela ne seroit pas trop mal à la queue de *l'École des femmes.*

Dorante. Vous avez raison.

Le Marquis. Parbleu! Chevalier, tu jouerois là dedans un rôle qui ne te seroit pas avantageux.

Dorante. Il est vrai, Marquis.

Climène. Pour moi, je souhaiterois que cela se fît, pourvu qu'on traitât l'affaire comme elle s'est passée.

Élise. Et moi, je fournirois de bon cœur mon personnage.

Lysidas. Je ne refuserois pas le mien, que je pense.

Uranie. Puisque chacun en seroit content, Chevalier, faites un mémoire de tout, et le donnez à Molière, que vous connoissez, pour le mettre en comédie.

Climène. Il n'auroit garde, sans doute, et ce ne seroit pas des vers à sa louange.

Uranie. Point, point; je connois son humeur: il ne

se soucie pas qu'on fronde ses pièces, pourvu qu'il y vienne du monde.

Dorante. Oui. Mais quel dénouement pourroit-il trouver à ceci? car il ne sauroit y avoir ni mariage, ni reconnoissance; et je ne sais point par où l'on pourroit faire finir la dispute.

Uranie. Il faudroit rêver quelque incident pour cela.

SCÈNE VII ET DERNIÈRE

GALOPIN, LYSIDAS, DORANTE, LE MARQUIS, CLIMÈNE, ÉLISE, URANIE

Galopin. Madame, on a servi sur table.

Dorante. Ah! voilà justement ce qu'il faut pour le dénouement que nous cherchions, et l'on ne peut rien trouver de plus naturel. On disputera fort et ferme de part et d'autre, comme nous avons fait, sans que personne se rende; un petit laquais viendra dire qu'on a servi; on se lèvera, et chacun ira souper.

Uranie. La comédie ne peut pas mieux finir, et nous ferons bien d'en demeurer là.

L'IMPROMPTU DE VERSAILLES

COMÉDIE

1663

NOMS DES ACTEURS[1]

MOLIÈRE, *marquis ridicule*

BRÉCOURT, *homme de qualité*

DE LA GRANGE, *marquis ridicule*

DU CROISY, *poëte*

LA THORILLIÈRE, *marquis fâcheux*

BÉJART, *homme qui fait le nécessaire*

MLLE DU PARC, *marquise façonnière*

MLLE BÉJART, *prude*

MLLE DE BRIE, *sage coquette*

MLLE MOLIÈRE, *satirique spirituelle*

MLLE DU CROISY, *peste doucereuse*

MLLE HERVÉ, *servante précieuse*

La scène est à Versailles, dans la salle de la Comédie.

[1] The play was not printed in Molière's lifetime; if it had been, Molière would probably have drawn up this list with greater precision and accuracy. The terms "homme qui fait le nécessaire" and "sage coquette" are clearly inapposite.

L'IMPROMPTU DE VERSAILLES

COMÉDIE

SCÈNE PREMIÈRE

MOLIÈRE, BRÉCOURT, LA GRANGE, DU CROISY,
MLLE DU PARC, MLLE BÉJART, MLLE DE BRIE,
MLLE MOLIÈRE, MLLE DU CROISY, MLLE HERVÉ

Molière. Allons donc, Messieurs et Mesdames, vous moquez-vous avec votre longueur, et ne voulez-vous pas tous venir ici? La peste soit des gens! Holà ho! Monsieur de Brécourt!

Brécourt. Quoi?

Molière. Monsieur de la Grange!

La Grange. Qu'est-ce?

Molière. Monsieur du Croisy!

Du Croisy. Plaît-il?

Molière. Mademoiselle du Parc!

Mlle du Parc. Hé bien?

Molière. Mademoiselle Béjart!

Mlle Béjart. Qu'y a-t-il?

Molière. Mademoiselle de Brie!

Mlle de Brie. Que veut-on?

Molière. Mademoiselle du Croisy!

Mlle du Croisy. Qu'est-ce que c'est?

Molière. Mademoiselle Hervé!

Mlle Hervé. On y va.

Molière. Je crois que je deviendrai fou avec tous ces gens-ci. Eh têtebleu! Messieurs, me voulez-vous faire enrager aujourd'hui?

Brécourt. Que voulez-vous qu'on fasse? Nous ne savons pas nos rôles; et c'est nous faire enrager vous-même, que de nous obliger à jouer de la sorte.

Molière. Ah! les étranges animaux à conduire que des comédiens!

Mlle Béjart. Eh bien, nous voilà. Que prétendez-vous faire?

Mlle du Parc. Quelle est votre pensée?

Mlle de Brie. De quoi est-il question?

Molière. De grâce, mettons-nous ici; et puisque nous voilà tous habillés, et que le Roi ne doit venir de deux heures, employons ce temps à répéter notre affaire et voir la manière dont il faut jouer les choses.

La Grange. Le moyen de jouer ce qu'on ne sait pas?

Mlle du Parc. Pour moi, je vous déclare que je ne me souviens pas d'un mot de mon personnage.

Mlle de Brie. Je sais bien qu'il me faudra souffler le mien d'un bout à l'autre.

Mlle Béjart. Et moi, je me prépare fort à tenir mon rôle à la main.

Mlle Molière. Et moi aussi.

Mlle Hervé. Pour moi, je n'ai pas grand'chose à dire.

Mlle du Croisy. Ni moi non plus; mais avec cela je ne répondrois pas de ne point manquer.

Du Croisy. J'en voudrois être quitte pour dix pistoles.

Brécourt. Et moi, pour vingt bons coups de fouet, je vous assure.

Molière. Vous voilà tous bien malades, d'avoir un méchant rôle à jouer, et que feriez-vous donc si vous étiez en ma place?

Mlle Béjart. Qui, vous? Vous n'êtes pas à plaindre; car, ayant fait la pièce, vous n'avez pas peur d'y manquer.

Molière. Et n'ai-je à craindre que le manquement de mémoire? Ne comptez-vous pour rien l'inquiétude d'un succès qui ne regarde que moi seul? Et pensez-vous que ce soit une petite affaire que d'exposer quelque chose de comique devant une assemblée comme celle-ci, que d'entreprendre de faire rire des personnes qui nous impriment le respect et ne rient que quand ils veulent? Est-il auteur qui ne doive trembler lorsqu'il en vient à cette épreuve? Et n'est-ce pas à moi de dire que je voudrois en être quitte pour toutes les choses du monde?

Mlle Béjart. Si cela vous faisoit trembler, vous prendriez mieux vos précautions, et n'auriez pas entrepris en huit jours ce que vous avez fait.

Molière. Le moyen de m'en défendre, quand un roi me l'a commandé?

Mlle Béjart. Le moyen? Une respectueuse excuse fondée sur l'impossibilité de la chose, dans le peu de temps qu'on vous donne; et tout autre, en votre place, ménageroit mieux sa réputation, et se seroit bien gardé de se commettre comme vous faites. Où en serez-vous, je vous prie, si l'affaire réussit mal? et quel avantage pensez-vous qu'en prendront tous vos ennemis?

Mlle de Brie. En effet; il falloit s'excuser avec respect envers le Roi, ou demander du temps davantage.

Molière. Mon Dieu, Mademoiselle, les rois n'aiment rien tant qu'une prompte obéissance, et ne se plaisent point du tout à trouver des obstacles. Les choses ne

sont bonnes que dans le temps qu'ils les souhaitent;
et leur en vouloir reculer le divertissement, est en
ôter pour eux toute la grâce. Ils veulent des plaisirs
qui ne se fassent point attendre; et les moins préparés
leur sont toujours les plus agréables. Nous ne devons
jamais nous regarder dans ce qu'ils desirent de nous:
nous ne sommes que pour leur plaire; et lorsqu'ils
nous ordonnent quelque chose, c'est à nous à profiter
vite de l'envie où ils sont. Il vaut mieux s'acquitter
mal de ce qu'ils nous demandent, que de ne s'en
acquitter pas assez tôt; et si l'on a la honte de n'avoir
pas bien réussi, on a toujours la gloire d'avoir obéi
vite à leurs commandements. Mais songeons à répéter, s'il vous plaît.

Mlle Béjart. Comment prétendez-vous que nous
fassions, si nous ne savons pas nos rôles?

Molière. Vous les saurez, vous dis-je; et quand
même vous ne les sauriez pas tout à fait, pouvez-vous
pas y suppléer de votre esprit, puisque c'est de la
prose, et que vous savez votre sujet?

Mlle Béjart. Je suis votre servante: la prose est pis
encore que les vers.

Mlle Molière. Voulez-vous que je vous dise? vous
deviez faire une comédie où vous auriez joué tout
seul.

Molière. Taisez-vous, ma femme, vous êtes une
bête.

Mlle Molière. Grand merci, Monsieur mon mari.
Voilà ce que c'est: le mariage change bien les gens,
et vous ne m'auriez pas dit cela il y a dix-huit mois.

Molière. Taisez-vous, je vous prie.

Mlle Molière. C'est une chose étrange qu'une
petite cérémonie soit capable de nous ôter toutes nos

belles qualités, et qu'un mari et un galand regardent
la même personne avec des yeux si différents.

Molière. Que de discours!

Mlle Molière. Ma foi, si je faisois une comédie, je
la ferois sur ce sujet. Je justifierois les femmes de
bien des choses dont on les accuse; et je ferois craindre
aux maris la différence qu'il y a de leurs manières
brusques aux civilités des galans.

Molière. Ahy! laissons cela. Il n'est pas question
de causer maintenant: nous avons autre chose à faire.

Mlle Béjart. Mais puisqu'on vous a commandé de
travailler sur le sujet de la critique qu'on a faite contre
vous, que n'avez-vous fait cette comédie des comédiens, dont vous nous avez parlé il y a longtemps?
C'étoit une affaire toute trouvée et qui venoit fort bien
à la chose, et d'autant mieux, qu'ayant entrepris de
vous peindre, ils vous ouvroient l'occasion de les
peindre aussi, et que cela auroit pu s'appeler leur
portrait, à bien plus juste titre que tout ce qu'ils ont
fait ne peut être appelé le vôtre. Car vouloir contrefaire un comédien dans un rôle comique, ce n'est pas
le peindre lui-même, c'est peindre d'après lui les personnages qu'il représente, et se servir des mêmes
traits et des mêmes couleurs qu'il est obligé d'employer aux différents tableaux des caractères ridicules
qu'il imite d'après nature; mais contrefaire un comédien dans des rôles sérieux, c'est le peindre par des
défauts qui sont entièrement de lui, puisque ces sortes
de personnages ne veulent ni les gestes, ni les tons de
voix ridicules dans lesquels on le reconnoît.

Molière. Il est vrai; mais j'ai mes raisons pour ne
le pas faire, et je n'ai pas cru, entre nous, que la
chose en valût la peine; et puis il falloit plus de temps

pour exécuter cette idée. Comme leurs jours de
comédies sont les mêmes que les nôtres, à peine ai-je
été les voir que trois ou quatre fois depuis que nous
sommes à Paris; je n'ai attrapé de leur manière de
réciter que ce qui m'a d'abord sauté aux yeux, et
j'aurois eu besoin de les étudier davantage pour faire
des portraits bien ressemblants.

Mlle du Parc. Pour moi, j'en ai reconnu quelques-
uns dans votre bouche.

Mlle de Brie. Je n'ai jamais ouï parler de cela.

Molière. C'est une idée qui m'avoit passé une fois
par la tête, et que j'ai laissée là comme une bagatelle,
une badinerie, qui peut-être n'auroit point fait rire.

Mlle de Brie. Dites-la-moi un peu, puisque vous
l'avez dite aux autres.

Molière. Nous n'avons pas le temps maintenant.

Mlle de Brie. Seulement deux mots.

Molière. J'avois songé une comédie où il y auroit
eu un poëte, que j'aurois représenté moi-même, qui
seroit venu pour offrir une pièce à une troupe de
comédiens nouvellement arrivés de la campagne.
"Avez-vous, auroit-il dit, des acteurs et des actrices
qui soient capables de bien faire valoir un ouvrage?
Car ma pièce est une pièce....—Eh! Monsieur,
auroient répondu les comédiens, nous avons des
hommes et des femmes qui ont été trouvés raisonnables partout où nous avons passé.—Et qui fait les
rois parmi vous?—Voilà un acteur qui s'en démêle
parfois.—Qui? ce jeune homme bien fait? Vous
moquez-vous? Il faut un roi qui soit gros et gras
comme quatre, un roi, morbleu! qui soit entripaillé
comme il faut, un roi d'une vaste circonférence, et
qui puisse remplir un trône de la belle manière. La

belle chose qu'un roi d'une taille galante! Voilà déjà
un grand défaut; mais que je l'entende un peu réciter
une douzaine de vers." Là-dessus le comédien auroit
récité, par exemple, quelques vers du roi de *Nicomède*:

> Te le dirai-je, Araspe? il m'a trop bien servi;
> Augmentant mon pouvoir....

le plus naturellement qu'il auroit été possible. Et le
poëte: "Comment? vous appelez cela réciter? C'est
se railler: il faut dire les choses avec emphase.
Écoutez-moi.

> (Imitant Montfleury, excellent acteur de l'Hôtel de
> Bourgogne.)

> Te le dirai-je, Araspe?...etc.

Voyez-vous cette posture? Remarquez bien cela. Là,
appuyer comme il faut le dernier vers. Voilà ce qui
attire l'approbation, et fait faire le brouhaha.—Mais,
Monsieur, auroit répondu le comédien, il me semble
qu'un roi qui s'entretient tout seul avec son capitaine
des gardes parle un peu plus humainement, et ne
prend guère ce ton de démoniaque.—Vous ne savez
ce que c'est. Allez-vous-en réciter comme vous faites,
vous verrez si vous ferez faire aucun ah! Voyons un
peu une scène d'amant et d'amante." Là-dessus une
comédienne et un comédien auroient fait une scène
ensemble, qui est celle de Camille et de Curiace,

> Iras-tu, ma chère âme, et ce funeste honneur
> Te plaît-il aux dépens de tout notre bonheur?
> —Hélas! je vois trop bien..., etc.

tout de même que l'autre, et le plus naturellement
qu'ils auroient pu. Et le poëte aussitôt: "Vous vous
moquez, vous ne faites rien qui vaille, et voici comme
il faut réciter cela.

(Imitant Mlle Beauchâteau, comédienne de l'Hôtel de
Bourgogne.)

Iras-tu, ma chère âme..., etc.
Non, je te connois mieux..., etc.

Voyez-vous comme cela est naturel et passionné?
Admirez ce visage riant qu'elle conserve dans les plus
grandes afflictions." Enfin, voilà l'idée; et il auroit
parcouru de même tous les acteurs et toutes les
actrices.

Mlle de Brie. Je trouve cette idée assez plaisante,
et j'en ai reconnu là dès le premier vers. Continuez,
je vous prie.

Molière, imitant Beauchâteau, aussi comédien, dans les
stances du *Cid.*

Percé jusques au fond du cœur..., etc.

Et celui-ci, le reconnoîtrez-vous bien dans Pompée de
Sertorius?

(Imitant Hauteroche, aussi comédien.)

L'inimitié qui règne entre les deux partis,
N'y rend pas de l'honneur..., etc.

Mlle de Brie. Je le reconnois un peu, je pense.
Molière. Et celui-ci?

(Imitant de Villiers, aussi comédien.)

Seigneur, Polybe est mort..., etc.

Mlle de Brie. Oui, je sais qui c'est; mais il y en a
quelques-uns d'entre eux, je crois, que vous auriez
peine à contrefaire.

Molière. Mon Dieu, il n'y en a point qu'on ne pût
attraper par quelque endroit, si je les avois bien
étudiés. Mais vous me faites perdre un temps qui
nous est cher. Songeons à nous, de grâce, et ne nous
amusons point davantage à discourir. (Parlant à de la

Grange.) Vous, prenez garde à bien représenter avec moi votre rôle de marquis.

Mlle Molière. Toujours des marquis!

Molière. Oui, toujours des marquis. Que diable voulez-vous qu'on prenne pour un caractère agréable de théâtre? Le marquis aujourd'hui est le plaisant de la comédie; et comme dans toutes les comédies anciennes on voit toujours un valet bouffon qui fait rire les auditeurs, de même, dans toutes nos pièces de maintenant, il faut toujours un marquis ridicule qui divertisse la compagnie.

Mlle Béjart. Il est vrai, on ne s'en sauroit passer.

Molière. Pour vous, Mademoiselle....

Mlle du Parc. Mon Dieu, pour moi, je m'acquitterai fort mal de mon personnage, et je ne sais pas pourquoi vous m'avez donné ce rôle de façonnière.

Molière. Mon Dieu, Mademoiselle, voilà comme vous disiez lorsque l'on vous donna celui de *la Critique de l'École des femmes*; cependant vous vous en êtes acquittée à merveille, et tout le monde est demeuré d'accord qu'on ne peut pas mieux faire que vous avez fait. Croyez-moi, celui-ci sera de même; et vous le jouerez mieux que vous ne pensez.

Mlle du Parc. Comment cela se pourroit-il faire? car il n'y a point de personne au monde qui soit moins façonnière que moi.

Molière. Cela est vrai; et c'est en quoi vous faites mieux voir que vous êtes excellente comédienne, de bien représenter un personnage qui est si contraire à votre humeur. Tâchez donc de bien prendre, tous, le caractère de vos rôles, et de vous figurer que vous êtes ce que vous représentez.

(A du Croisy.) Vous faites le poëte, vous, et vous

devez vous remplir de ce personnage, marquer cet air
pédant qui se conserve parmi le commerce du beau
monde, ce ton de voix sentencieux, et cette exactitude
de prononciation qui appuie sur toutes les syllabes, et
ne laisse échapper aucune lettre de la plus sévère
orthographe.

(A Brécourt.) Pour vous, vous faites un honnête
homme de cour, comme vous avez déjà fait dans *la
Critique de l'École des femmes*, c'est-à-dire que vous
devez prendre un air posé, un ton de voix naturel, et
gesticuler le moins qu'il vous sera possible.

(A de la Grange.) Pour vous, je n'ai rien à vous dire.

(A Mademoiselle Béjart.) Vous, vous représentez une
de ces femmes qui, pourvu qu'elles ne fassent point
l'amour, croient que tout le reste leur est permis, de
ces femmes qui se retranchent toujours fièrement sur
leur pruderie, regardent un chacun de haut en bas, et
veulent que toutes les plus belles qualités que possèdent les autres ne soient rien en comparaison d'un
misérable honneur dont personne ne se soucie. Ayez
toujours ce caractère devant les yeux, pour en bien
faire les grimaces.

(A Mademoiselle de Brie.) Pour vous, vous faites une
de ces femmes qui pensent être les plus vertueuses
personnes du monde pourvu qu'elles sauvent les
apparences, de ces femmes qui croient que le péché
n'est que dans le scandale, qui veulent conduire
doucement les affaires qu'elles ont sur le pied d'at-
tachement honnête, et appellent amis ce que les autres
nomment galans. Entrez bien dans ce caractère.

(A Mademoiselle Molière.) Vous, vous faites le même
personnage que dans *la Critique*, et je n'ai rien à vous
dire, non plus qu'à Mademoiselle du Parc.

(A Mademoiselle du Croisy.) Pour vous, vous repré-sentez une de ces personnes qui prêtent doucement des charités à tout le monde, de ces femmes qui donnent toujours le petit coup de langue en passant, et seroient bien fâchées d'avoir souffert qu'on eût dit du bien du prochain. Je crois que vous ne vous acquitterez pas mal de ce rôle.

(A Mademoiselle Hervé.) Et pour vous, vous êtes la soubrette de la Précieuse, qui se mêle de temps en temps dans la conversation, et attrape, comme elle peut, tous les termes de sa maîtresse. Je vous dis tous vos carac-tères, afin que vous vous les imprimiez fortement dans l'esprit. Commençons maintenant à répéter, et voyons comme cela ira. Ah! voici justement un fâcheux! Il ne nous falloit plus que cela.

SCÈNE II

LA THORILLIÈRE, MOLIÈRE, ETC.

La Thorillière. Bonjour, Monsieur Molière.

Molière. Monsieur, votre serviteur. La peste soit de l'homme!

La Thorillière. Comment vous en va?

Molière. Fort bien, pour vous servir. Mesde-moiselles, ne....

La Thorillière. Je viens d'un lieu où j'ai bien dit du bien de vous.

Molière. Je vous suis obligé. Que le diable t'em-porte! Ayez un peu soin....

La Thorillière. Vous jouez une pièce nouvelle au-jourd'hui?

Molière. Oui, Monsieur. N'oubliez pas....

La Thorillière. C'est le Roi qui vous la fait faire?

Molière. Oui, Monsieur. De grâce, songez....

La Thorillière. Comment l'appelez-vous?

Molière. Oui, Monsieur.

La Thorillière. Je vous demande comment vous la nommez.

Molière. Ah! ma foi, je ne sais. Il faut, s'il vous plaît, que vous....

La Thorillière. Comment serez-vous habillés?

Molière. Comme vous voyez. Je vous prie....

La Thorillière. Quand commencerez-vous?

Molière. Quand le Roi sera venu. Au diantre le questionneur!

La Thorillière. Quand croyez-vous qu'il vienne?

Molière. La peste m'étouffe, Monsieur, si je le sais.

La Thorillière. Savez-vous point...?

Molière. Tenez, Monsieur, je suis le plus ignorant homme du monde; je ne sais rien de tout ce que vous pourrez me demander, je vous jure. J'enrage! Ce bourreau vient, avec un air tranquille, vous faire des questions, et ne se soucie pas qu'on ait en tête d'autres affaires.

La Thorillière. Mesdemoiselles, votre serviteur.

Molière. Ah! bon, le voilà d'un autre côté.

La Thorillière, à Mademoiselle du Croisy. Vous voilà belle comme un petit ange. Jouez-vous toutes deux aujourd'hui? (En regardant Mademoiselle Hervé.)

Mlle du Croisy. Oui, Monsieur.

La Thorillière. Sans vous, la comédie ne vaudroit pas grand'chose.

Molière. Vous ne voulez pas faire en aller cet homme-là?

Mlle de Brıe. Monsieur, nous avons ici quelque
chose à répéter ensemble.

La Thorillière. Ah! parbleu! je ne veux pas vous
empêcher: vous n'avez qu'à poursuivre.

Mlle de Brie. Mais....

La Thorillière. Non, non, je serois fâché d'incom-
moder personne. Faites librement ce que vous avez
à faire.

Mlle de Brie. Oui, mais....

La Thorillière. Je suis homme sans cérémonie, vous
dis-je, et vous pouvez répéter ce qui vous plaira.

Molière. Monsieur, ces demoiselles ont peine à
vous dire qu'elles souhaiteroient fort que personne
ne fût ici pendant cette répétition.

La Thorillière. Pourquoi? il n'y a point de danger
pour moi.

Molière. Monsieur, c'est une coutume qu'elles ob-
servent, et vous aurez plus de plaisir quand les choses
vous surprendront.

La Thorillière. Je m'en vais donc dire que vous
êtes prêts.

Molière. Point du tout, Monsieur; ne vous hâtez
pas, de grâce.

SCÈNE III

MOLIÈRE, LA GRANGE, ETC.

Molière. Ah! que le monde est plein d'impertinents!
Or sus, commençons. Figurez-vous donc premièrement que la scène est dans l'antichambre du Roi; car
c'est un lieu où il se passe tous les jours des choses
assez plaisantes. Il est aisé de faire venir là toutes les

personnes qu'on veut, et on peut trouver des raisons même pour y autoriser la venue des femmes que j'introduis. La comédie s'ouvre par deux marquis qui se rencontrent.

Souvenez-vous bien, vous, de venir, comme je vous ai dit, là, avec cet air qu'on nomme le bel air, peignant votre perruque, et grondant une petite chanson entre vos dents. La, la, la, la, la, la. Rangez-vous donc, vous autres, car il faut du terrain à deux marquis; et ils ne sont pas gens à tenir leur personne dans un petit espace. Allons, parlez.

La Grange. "Bonjour, Marquis."

Molière. Mon Dieu, ce n'est point là le ton d'un marquis; il faut le prendre un peu plus haut; et la plupart de ces Messieurs affectent une manière de parler particulière, pour se distinguer du commun: "Bonjour, Marquis." Recommencez donc.

La Grange. "Bonjour, Marquis.

Molière. "Ah! Marquis, ton serviteur.

La Grange. "Que fais-tu là?

Molière. "Parbleu! tu vois: j'attends que tous ces Messieurs aient débouché la porte, pour présenter là mon visage.

La Grange. "Têtebleu! quelle foule! Je n'ai garde de m'y aller frotter, et j'aime mieux entrer des derniers.

Molière. "Il y a là vingt gens qui sont fort assurés de n'entrer point, et qui ne laissent pas de se presser, et d'occuper toutes les avenues de la porte.

La Grange. "Crions nos deux noms à l'huissier, afin qu'il nous appelle.

Molière. "Cela est bon pour toi; mais pour moi, je ne veux pas être joué par Molière.

La Grange. "Je pense pourtant, Marquis, que c'est toi qu'il joue dans *la Critique.*

Molière. "Moi? Je suis ton valet: c'est toi-même en propre personne.

La Grange. "Ah! ma foi, tu es bon de m'appliquer ton personnage.

Molière. "Parbleu! je te trouve plaisant de me donner ce qui t'appartient.

La Grange. "Ha, ha, ha, cela est drôle.

Molière. "Ha, ha, ha, cela est bouffon.

La Grange. "Quoi! tu veux soutenir que ce n'est pas toi qu'on joue dans le marquis de *la Critique?*

Molière. "Il est vrai, c'est moi. *Détestable, morbleu! détestable! tarte à la crème!* C'est moi, c'est moi, assurément, c'est moi.

La Grange. "Oui parbleu! c'est toi; tu n'as que faire de railler; et si tu veux, nous gagerons, et verrons qui a raison des deux.

Molière. "Et que veux-tu gager encore?

La Grange. "Je gage cent pistoles que c'est toi.

Molière. "Et moi, cent pistoles que c'est toi.

La Grange. "Cent pistoles comptant?

Molière. "Comptant: quatre-vingt-dix pistoles sur Amyntas, et dix pistoles comptant.

La Grange. "Je le veux.

Molière. "Cela est fait.

La Grange. "Ton argent court grand risque.

Molière. "Le tien est bien aventuré.

La Grange. "A qui nous en rapporter?

SCÈNE IV

MOLIÈRE, BRÉCOURT, LA GRANGE, ETC.

Molière. "Voici un homme qui nous jugera. Chevalier!

Brécourt. "Quoi?"

Molière. Bon. Voilà l'autre qui prend le ton de marquis! Vous ai-je pas dit que vous faites un rôle où l'on doit parler naturellement?

Brécourt. Il est vrai.

Molière. Allons donc. "Chevalier!

Brécourt. "Quoi?

Molière. "Juge-nous un peu sur une gageure que nous avons faite.

Brécourt. "Et quelle?

Molière. "Nous disputons qui est le marquis de *la Critique* de Molière: il gage que c'est moi, et moi je gage que c'est lui.

Brécourt. "Et moi, je juge que ce n'est ni l'un ni l'autre. Vous êtes fous tous deux, de vouloir vous appliquer ces sortes de choses; et voilà de quoi j'ouïs l'autre jour se plaindre Molière, parlant à des personnes qui le chargeoient de même chose que vous. Il disoit que rien ne lui donnoit du déplaisir comme d'être accusé de regarder quelqu'un dans les portraits qu'il fait; que son dessein est de peindre les mœurs sans vouloir toucher aux personnes, et que tous les personnages qu'il représente sont des personnages en l'air, et des fantômes proprement, qu'il habille à sa fantaisie, pour réjouir les spectateurs; qu'il seroit bien fâché d'y avoir jamais marqué qui que ce soit; et que si quelque chose étoit capable de le dégoûter de faire des comédies, c'étoit les ressemblances qu'on y vouloit toujours trouver, et dont ses ennemis tâchoient malicieusement d'appuyer la pensée, pour lui rendre de mauvais offices auprès de certaines personnes à qui il n'a jamais pensé. Et en effet je trouve qu'il a raison; car pourquoi vouloir, je vous prie, appliquer tous ses gestes et toutes ses paroles, et chercher à lui faire des affaires en disant hautement: "Il joue un tel," lorsque ce sont des choses qui peuvent convenir à cent personnes? Comme l'affaire de la comédie est de représenter en général tous les défauts des hommes, et principalement des hommes de notre siècle, il est impossible à Molière de faire aucun caractère qui ne rencontre quelqu'un dans le monde; et s'il faut qu'on l'accuse d'avoir songé toutes les personnes où l'on peut trouver les défauts qu'il peint, il faut sans doute qu'il ne fasse plus de comédies.

Molière. "Ma foi, Chevalier, tu veux justifier Molière, et épargner notre ami que voilà.

La Grange. "Point du tout. C'est toi qu'il épargne, et nous trouverons d'autres juges.

Molière. "Soit. Mais, dis-moi, Chevalier, crois-tu pas que ton Molière est épuisé maintenant, et qu'il ne trouvera plus de matière pour...?

Brécourt. "Plus de matière? Eh! mon pauvre Marquis, nous lui en fournirons toujours assez, et nous ne prenons guère le chemin de nous rendre sages pour tout ce qu'il fait et tout ce qu'il dit."

Molière. Attendez, il faut marquer davantage tout cet endroit. Écoutez-le-moi dire un peu. "Et qu'il ne trouvera plus de matière pour....—Plus de matière? Hé! mon pauvre Marquis, nous lui en fournirons toujours assez, et nous ne prenons guère le chemin de nous rendre sages pour tout ce qu'il fait et tout ce qu'il dit. Crois-tu qu'il ait épuisé dans ses comédies tout le ridicule des hommes? Et, sans sortir de la cour, n'a-t-il pas encore vingt caractères de gens où il n'a point touché? N'a-t-il pas, par exemple, ceux qui se font les plus grandes amitiés du monde, et qui, le dos tourné, font galanterie de se déchirer l'un l'autre? N'a-t-il pas ces adulateurs à outrance, ces flatteurs insipides, qui n'assaisonnent d'aucun sel les louanges qu'ils donnent, et dont toutes les flatteries ont une douceur fade qui fait mal au cœur à ceux qui les écoutent? N'a-t-il pas ces lâches courtisans de la faveur, ces perfides adorateurs de la fortune, qui vous encensent dans la prospérité et vous accablent dans la disgrâce? N'a-t-il pas ceux qui sont toujours mé-contents de la cour, ces suivants inutiles, ces in-commodes assidus, ces gens, dis-je, qui pour services ne peuvent compter que des importunités, et qui veulent que l'on les récompense d'avoir obsédé le Prince dix ans durant? N'a-t-il pas ceux qui caressent également tout le monde, qui promènent leurs civilités à droit et à gauche, et courent à tous ceux qu'ils voient avec les mêmes embrassades et les mêmes protesta-tions d'amitié? 'Monsieur, votre très-humble servi-teur.—Monsieur, je suis tout à votre service.—Tenez-moi des vôtres, mon cher.—Faites état de moi, Mon-sieur, comme du plus chaud de vos amis.—Monsieur, je suis ravi de vous embrasser.—Ah! Monsieur, je ne vous voyois pas! Faites-moi la grâce de m'employer. Soyez persuadé que je suis entièrement à vous. Vous êtes l'homme du monde que je révère le plus. Il n'y a personne que j'honore à l'égal de vous. Je vous conjure de le croire. Je vous supplie de n'en point

douter.—Serviteur.—Très-humble valet.' Va, va,
Marquis, Molière aura toujours plus de sujets qu'il
n'en voudra; et tout ce qu'il a touché jusqu'ici n'est
rien que bagatelle au prix de ce qui reste." Voilà à
peu près comme cela doit être joué.

Brécourt. C'est assez.

Molière. Poursuivez.

Brécourt. "Voici Climène et Élise."

Molière. Là-dessus vous arrivez toutes deux. (A
Mademoiselle du Parc.) Prenez bien garde, vous, à
vous déhancher comme il faut, et à faire bien des
façons. Cela vous contraindra un peu; mais qu'y
faire? Il faut parfois se faire violence.

Mlle Molière. "Certes, Madame, je vous ai re-
connue de loin, et j'ai bien vu à votre air que ce ne
pouvoit être une autre que vous.

Mlle du Parc. "Vous voyez: je viens attendre ici la
sortie d'un homme avec qui j'ai une affaire à démêler.

Mlle Molière. "Et moi de même."

Molière. Mesdames, voilà des coffres qui vous
serviront de fauteuils.

Mlle du Parc. "Allons, Madame, prenez place, s'il
vous plaît.   ·

Mlle Molière. "Après vous, Madame."

Molière. Bon. Après ces petites cérémonies muettes,
chacun prendra place, et parlera assis, hors les marquis, qui tantôt se lèveront, et tantôt s'assoiront,
suivant leur inquiétude naturelle. "Parbleu! Chevalier, tu devrois faire prendre médecine à tes canons.

Brécourt. "Comment?

Molière. "Ils se portent fort mal.

Brécourt. "Serviteur à la turlupinade!

Mlle Molière. "Mon Dieu! Madame, que je vous

trouve le teint d'une blancheur éblouissante, et les lèvres d'un couleur de feu surprenant!

Mlle du Parc. "Ah! que dites-vous là, Madame? ne me regardez point, je suis du dernier laid aujourd'hui.

Mlle Molière. "Eh, Madame, levez un peu votre coiffe.

Mlle du Parc. "Fi! Je suis épouvantable, vous dis-je, et je me fais peur à moi-même.

Mlle Molière. "Vous êtes si belle!

Mlle du Parc. "Point, point.

Mlle Molière. "Montrez-vous.

Mlle du Parc. "Ah! fi donc, je vous prie!

Mlle Molière. "De grâce.

Mlle du Parc. "Mon Dieu, non.

Mlle Molière. "Si fait.

Mlle du Parc. "Vous me désespérez.

Mlle Molière. "Un moment.

Mlle du Parc. "Ahy.

Mlle Molière. "Résolûment, vous vous montrerez. On ne peut point se passer de vous voir.

Mlle du Parc. "Mon Dieu, que vous êtes une étrange personne! vous voulez furieusement ce que vous voulez.

Mlle Molière. "Ah! Madame, vous n'avez aucun désavantage à paroître au grand jour, je vous jure. Les méchantes gens qui assuroient que vous mettiez quelque chose! Vraiment, je les démentirai bien maintenant.

Mlle du Parc. "Hélas! je ne sais pas seulement ce qu'on appelle mettre quelque chose. Mais où vont ces dames?

SCÈNE V

MLLE DE BRIE, MLLE DU PARC, ETC.

Mlle de Brie. "Vous voulez bien, Mesdames, que nous vous donnions, en passant, la plus agréable nouvelle du monde. Voilà Monsieur Lysidas, qui vient de nous avertir qu'on a fait une pièce contre Molière, que les grands comédiens vont jouer.

Molière. "Il est vrai, on me l'a voulu lire; et c'est un nommé Br....Brou....Brossaut qui l'a faite.

Du Croisy. "Monsieur, elle est affichée sous le nom de Boursaut; mais, à vous dire le secret, bien des gens ont mis la main à cet ouvrage, et l'on en doit concevoir une assez haute attente. Comme tous les auteurs et tous les comédiens regardent Molière comme leur plus grand ennemi, nous nous sommes tous unis pour le desservir. Chacun de nous a donné un coup de pinceau à son portrait; mais nous nous sommes bien gardés d'y mettre nos noms: il lui auroit été trop glorieux de succomber, aux yeux du monde, sous les efforts de tout le Parnasse; et pour rendre sa défaite plus ignominieuse, nous avons voulu choisir tout exprès un auteur sans réputation.

Mlle du Parc. "Pour moi, je vous avoue que j'en ai toutes les joies imaginables.

Molière. "Et moi aussi. Par la sambleu! le railleur sera raillé; il aura sur les doigts, ma foi!

Mlle du Parc. "Cela lui apprendra à vouloir satiriser tout. Comment? cet impertinent ne veut pas que les femmes aient de l'esprit? Il condamne toutes nos expressions élevées, et prétend que nous parlions toujours terre à terre!

Mlle de Brie. "Le langage n'est rien; mais il censure tous nos attachements, quelque innocents qu'ils puissent être; et de la façon qu'il en parle, c'est être criminelle que d'avoir du mérite.

Mlle du Croisy. "Cela est insupportable. Il n'y a pas une femme qui puisse plus rien faire. Que ne laisse-t-il en repos nos maris, sans leur ouvrir les yeux et leur faire prendre garde à des choses dont ils ne s'avisent pas?

Mlle Béjart. "Passe pour tout cela; mais il satirise même les femmes de bien, et ce méchant plaisant leur donne le titre d'honnêtes diablesses.

Mlle Molière. "C'est un impertinent. Il faut qu'il en ait tout le soûl.

Du Croisy. "La représentation de cette comédie, Madame, aura besoin d'être appuyée, et les comédiens de l'Hôtel....

Mlle du Parc. "Mon Dieu, qu'ils n'appréhendent rien. Je leur garantis le succès de leur pièce, corps pour corps.

Mlle Molière. "Vous avez raison, Madame. Trop de gens sont intéressés à la trouver belle. Je vous laisse à penser si tous ceux qui se croient satirisés par Molière, ne prendront pas l'occasion de se venger de lui en applaudissant à cette comédie.

Brécourt. "Sans doute; et pour moi je réponds de douze marquis, de six précieuses, de vingt coquettes, et de trente cocus, qui ne manqueront pas d'y battre des mains.

Mlle Molière. "En effet. Pourquoi aller offenser toutes ces personnes-là, et particulièrement les cocus, qui sont les meilleurs gens du monde?

Molière. "Par la sambleu! on m'a dit qu'on le va

dauber, lui et toutes ses comédies, de la belle manière, et que les comédiens et les auteurs, depuis le cèdre jusqu'à l'hysope, sont diablement animés contre lui.

Mlle Molière. "Cela lui sied fort bien. Pourquoi fait-il de méchantes pièces que tout Paris va voir, et où il peint si bien les gens, que chacun s'y connoît? Que ne fait-il des comédies comme celles de Monsieur Lysidas? Il n'auroit personne contre lui, et tous les auteurs en diroient du bien. Il est vrai que de semblables comédies n'ont pas ce grand concours de monde; mais, en revanche, elles sont toujours bien écrites, personne n'écrit contre elles, et tous ceux qui les voient meurent d'envie de les trouver belles.

Du Croisy. "Il est vrai que j'ai l'avantage de ne point faire d'ennemis, et que tous mes ouvrages ont l'approbation des savants.

Mlle Molière. "Vous faites bien d'être content de vous. Cela vaut mieux que tous les applaudissements du public, et que tout l'argent qu'on sauroit gagner aux pièces de Molière. Que vous importe qu'il vienne du monde à vos comédies, pourvu qu'elles soient approuvées par Messieurs vos confrères?

La Grange. "Mais quand jouera-t-on *le Portrait du peintre?*

Du Croisy. "Je ne sais; mais je me prépare fort à paroître des premiers sur les rangs, pour crier: 'Voilà qui est beau!'

Molière. "Et moi de même, parbleu!

La Grange. "Et moi aussi, Dieu me sauve!

Mlle du Parc. "Pour moi, j'y payerai de ma personne comme il faut; et je réponds d'une bravoure d'approbation, qui mettra en déroute tous les jugements ennemis. C'est bien la moindre chose que

nous devions faire, que d'épauler de nos louanges le
vengeur de nos intérêts.

Mlle Molière. "C'est fort bien dit.

Mlle de Brie. "Et ce qu'il nous faut faire toutes.

Mlle Béjart. "Assurément.

Mlle du Croisy. "Sans doute.

Mlle Hervé. "Point de quartier à ce contrefaiseur
de gens.

Molière. "Ma foi, Chevalier, mon ami, il faudra
que ton Molière se cache.

Brécourt. "Qui, lui? Je te promets, Marquis, qu'il
fait dessein d'aller, sur le théâtre, rire avec tous les
autres du portrait qu'on a fait de lui.

Molière. "Parbleu! ce sera donc du bout des dents
qu'il y rira.

Brécourt. "Va, va, peut-être qu'il y trouvera plus
de sujets de rire que tu ne penses. On m'a montré la
pièce; et comme tout ce qu'il y a d'agréable sont
effectivement les idées qui ont été prises de Molière,
la joie que cela pourra donner n'aura pas lieu de lui
déplaire, sans doute; car, pour l'endroit où on s'efforce
de le noircir, je suis le plus trompé du monde, si cela
est approuvé de personne; et quant à tous les gens
qu'ils ont tâché d'animer contre lui, sur ce qu'il fait,
dit-on, des portraits trop ressemblants, outre que
cela est de fort mauvaise grâce, je ne vois rien de plus
ridicule et de plus mal repris; et je n'avois pas cru
jusqu'ici que ce fût un sujet de blâme pour un comédien, que de peindre trop bien les hommes.

La Grange. "Les comédiens m'ont dit qu'ils l'at-
tendoient sur la réponse, et que....

Brécourt. "Sur la réponse? Ma foi, je le trouverois
un grand fou, s'il se mettoit en peine de répondre à

leurs invectives. Tout le monde sait assez de quel motif elles peuvent partir; et la meilleure réponse qu'il leur puisse faire, c'est une comédie qui réussisse comme toutes ses autres. Voilà le vrai moyen de se venger d'eux comme il faut; et de l'humeur dont je les connois, je suis fort assuré qu'une pièce nouvelle qui leur enlèvera le monde, les fâchera bien plus que toutes les satires qu'on pourroit faire de leurs personnes.

Molière. "Mais, Chevalier...."

Mlle Béjart. Souffrez que j'interrompe pour un peu la répétition. Voulez-vous que je vous die? Si j'avois été en votre place, j'aurois poussé les choses autrement. Tout le monde attend de vous une réponse vigoureuse; et après la manière dont on m'a dit que vous étiez traité dans cette comédie, vous étiez en droit de tout dire contre les comédiens, et vous deviez n'en épargner aucun.

Molière. J'enrage de vous ouïr parler de la sorte; et voilà votre manie, à vous autres femmes. Vous voudriez que je prisse feu d'abord contre eux, et qu'à leur exemple j'allasse éclater promptement en invectives et en injures. Le bel honneur que j'en pourrois tirer, et le grand dépit que je leur ferois! Ne se sont-ils pas préparés de bonne volonté à ces sortes de choses? Et lorsqu'ils ont délibéré s'ils joueroient *le Portrait du peintre*, sur la crainte d'une riposte, quelques-uns d'entre eux n'ont-ils pas répondu: "Qu'il nous rende toutes les injures qu'il voudra, pourvu que nous gagnions de l'argent"? N'est-ce pas là la marque d'une âme fort sensible à la honte? et ne me vengerois-je pas bien d'eux en leur donnant ce qu'ils veulent bien recevoir?

Mlle de Brie. Ils se sont fort plaints, toutefois, de
trois ou quatre mots que vous avez dits d'eux dans
la Critique et dans vos *Précieuses.*

Molière. Il est vrai, ces trois ou quatre mots sont
fort offensants, et ils ont grande raison de les citer.
Allez, allez, ce n'est pas cela. Le plus grand mal que
je leur aie fait, c'est que j'ai eu le bonheur de plaire
un peu plus qu'ils n'auroient voulu; et tout leur pro-
cédé, depuis que nous sommes venus à Paris, a trop
marqué ce qui les touche. Mais laissons-les faire tant
qu'ils voudront; toutes leurs entreprises ne doivent
point m'inquiéter. Ils critiquent mes pièces: tant
mieux; et Dieu me garde d'en faire jamais qui leur
plaise! Ce seroit une mauvaise affaire pour moi.

Mlle de Brie. Il n'y a pas grand plaisir pourtant à
voir déchirer ses ouvrages.

Molière. Et qu'est-ce que cela me fait? N'ai-je pas
obtenu de ma comédie tout ce que j'en voulois obtenir,
puisqu'elle a eu le bonheur d'agréer aux augustes personnes à qui particulièrement je m'efforce de plaire?
N'ai-je pas lieu d'être satisfait de sa destinée, et toutes
leurs censures ne viennent-elles pas trop tard? Est-ce
moi, je vous prie, que cela regarde maintenant? et
lorsqu'on attaque une pièce qui a eu du succès, n'est-
ce pas attaquer plutôt le jugement de ceux qui l'ont
approuvée, que l'art de celui qui l'a faite?

Mlle de Brie. Ma foi, j'aurois joué ce petit Monsieur
l'auteur, qui se mêle d'écrire contre des gens qui ne
songent pas à lui.

Molière. Vous êtes folle. Le beau sujet à divertir
la cour que Monsieur Boursaut! Je voudrois bien
savoir de quelle façon on pourroit l'ajuster pour le
rendre plaisant, et si, quand on le berneroit sur un

théâtre, il seroit assez heureux pour faire rire le
monde. Ce lui seroit trop d'honneur que d'être joué
devant une auguste assemblée : il ne demanderoit pas
mieux ; et il m'attaque de gaieté de cœur, pour se
faire connoître de quelque façon que ce soit. C'est
un homme qui n'a rien à perdre, et les comédiens ne
me l'ont déchaîné que pour m'engager à une sotte
guerre, et me détourner, par cet artifice, des autres
ouvrages que j'ai à faire ; et cependant, vous êtes
assez simples pour donner toutes dans ce panneau.
Mais enfin j'en ferai ma déclaration publiquement. Je
ne prétends faire aucune réponse à toutes leurs
critiques et leurs contre-critiques. Qu'ils disent tous
les maux du monde de mes pièces, j'en suis d'accord.
Qu'ils s'en saisissent après nous, qu'ils les retournent
comme un habit pour les mettre sur leur théâtre, et
tâchent à profiter de quelque agrément qu'on y
trouve, et d'un peu de bonheur que j'ai, j'y consens :
ils en ont besoin, et je serai bien aise de contribuer à
les faire subsister, pourvu qu'ils se contentent de ce
que je puis leur accorder avec bienséance. La cour-
toisie doit avoir des bornes ; et il y a des choses qui ne
font rire ni les spectateurs, ni celui dont on parle. Je
leur abandonne de bon cœur mes ouvrages, ma figure,
mes gestes, mes paroles, mon ton de voix, et ma façon
de réciter, pour en faire et dire tout ce qu'il leur plaira,
s'ils en peuvent tirer quelque avantage : je ne m'oppose
point à toutes ces choses, et je serai ravi que cela
puisse réjouir le monde. Mais en leur abandonnant
tout cela, ils me doivent faire la grâce de me laisser le
reste et de ne point toucher à des matières de la
nature de celles sur lesquelles on m'a dit qu'ils m'at-
taquoient dans leurs comédies. C'est de quoi je

prierai civilement cet honnête Monsieur qui se mêle d'écrire pour eux, et voilà toute la réponse qu'ils auront de moi.

Mlle Béjart. Mais enfin....

Molière. Mais enfin, vous me feriez devenir fou. Ne parlons point de cela davantage; nous nous amusons à faire des discours, au lieu de répéter notre comédie. Où en étions-nous? Je ne m'en souviens plus.

Mlle de Brie. Vous en étiez à l'endroit....

Molière. Mon Dieu! j'entends du bruit: c'est le Roi qui arrive assurément; et je vois bien que nous n'aurons pas le temps de passer outre. Voilà ce que c'est de s'amuser. Oh bien! faites donc pour le reste du mieux qu'il vous sera possible.

Mlle Béjart. Par ma foi, la frayeur me prend, et je ne saurois aller jouer mon rôle, si je ne le répète tout entier.

Molière. Comment, vous ne sauriez aller jouer votre rôle?

Mlle Béjart. Non.

Mlle du Parc. Ni moi le mien.

Mlle de Brie. Ni moi non plus.

Mlle Molière. Ni moi.

Mlle Hervé. Ni moi.

Mlle du Croisy. Ni moi.

Molière. Que pensez-vous donc faire? Vous moquez-vous toutes de moi?

SCÈNE VI

BÉJART, MOLIÈRE, ETC.

Béjart. Messieurs, je viens vous avertir que le Roi est venu, et qu'il attend que vous commenciez.

Molière. Ah! Monsieur, vous me voyez dans la plus grande peine du monde, je suis désespéré à l'heure que je vous parle! Voici des femmes qui s'effrayent et qui disent qu'il leur faut répéter leurs rôles avant que d'aller commencer. Nous demandons, de grâce, encore un moment. Le Roi a de la bonté, et il sait bien que la chose a été précipitée. Eh! de grâce, tâchez de vous remettre, prenez courage, je vous prie.

Mlle du Parc. Vous devez vous aller excuser.

Molière. Comment m'excuser?

SCÈNE VII

MOLIÈRE, MLLE BÉJART, ETC.

Un Nécessaire. Messieurs, commencez donc.

Molière. Tout à l'heure, Monsieur. Je crois que je perdrai l'esprit de cette affaire-ci, et....

SCÈNE VIII

MOLIÈRE, MLLE BÉJART, ETC.

Autre Nécessaire. Messieurs, commencez donc.

Molière. Dans un moment, Monsieur. Et quoi donc? voulez-vous que j'aie l'affront...?

SCÈNE IX

MOLIÈRE, MLLE BÉJART, ETC.

Autre Nécessaire. Messieurs, commencez donc.

Molière. Oui, Monsieur, nous y allons. Eh! que de gens se font de fête, et viennent dire: "Commencez donc," à qui le Roi ne l'a pas commandé!

SCÈNE X

MOLIÈRE, MLLE BÉJART, ETC.

Autre Nécessaire. Messieurs, commencez donc.

Molière. Voilà qui est fait, Monsieur. Quoi donc? recevrai-je la confusion...?

SCÈNE XI

BÉJART, MOLIÈRE, ETC.

Molière. Monsieur, vous venez pour nous dire de commencer, mais....

Béjart. Non, Messieurs, je viens pour vous dire qu'on a dit au Roi l'embarras où vous vous trouviez, et que, par une bonté toute particulière, il remet votre nouvelle comédie à une autre fois, et se contente, pour aujourd'hui, de la première que vous pourrez donner.

Molière. Ah! Monsieur, vous me redonnez la vie! Le Roi nous fait la plus grande grâce du monde de nous donner du temps pour ce qu'il avoit souhaité; et nous allons tous le remercier des extrêmes bontés qu'il nous fait paroître.

CAMBRIDGE PLAIN TEXTS   *Complete List:*

ENGLISH

FRENCH

GERMAN

ITALIAN

SPANISH

SOME PRESS OPINIONS

"These are delightful, slim little books....The print is very clear and pleasant to the eye....These Cambridge Plain Texts are just the kind of book that a lover of letters longs to put in his pocket as a prophylactic against boredom."—*The New Statesman*

"These little books...are exquisitely printed on excellent paper and are prefaced in each case by a brief biographical note concerning the author: otherwise entirely unencumbered with notes or explanatory matter, they form the most delicious and companionable little volumes we remember to have seen. The title-page is a model of refined taste—*simplex munditiis.*"—*The Anglo-French Review*

"With their admirable print, the little books do credit to the great Press which is responsible for them."
Notes and Queries

"The series of texts of notable Italian works which is being issued at Cambridge should be made known wherever there is a chance of studying the language; they are clear, in a handy form, and carefully edited....The venture deserves well of all who aim at the higher culture."
The Inquirer

"Selections of this kind, made by competent hands, may serve to make us acquainted with much that we should otherwise miss. To read two of Donne's tremendous sermons may send many readers eagerly to enlarge their knowledge of one of the great glories of the English pulpit."—*The Holborn Review*

"This new Spanish text-book, printed on excellent paper, in delightfully clear type and of convenient pocket size, preserves the high level of achievement that characterises the series."—*The Teacher's World* on "Cervantes: Prologues and Epilogue"

"It is difficult to praise too highly the Cambridge Plain Texts."—*The London Mercury*